Karim Abedi

# Ich bin das du bist

## Gespräche mit Karim



herausgegeben und zusammengestellt
von Barbara Müller

edition Weißensee

**Bibliografische Information Der Deutschen Bibliothek**
Die Deutsche Bibliothek verzeichnet diese Publikation in der Deutschen Nationalbibliografie; detaillierte bibliografische Daten sind im Internet über http://dnb.ddb.de abrufbar.

ISBN 978-3-89998-995-3

Gedruckt auf holz- und säurefreiem Papier, 100 % chlorfrei gebleicht


Kreuzbergstraße 30, 10965 Berlin
Tel. 030/91 20 71 00
www.weissensee-verlag.de
mail@weissensee-verlag.de

**Umschlaggestaltung und Fotografie:** Stefanie Fuchs, www.pixelhof.de
**Satz:** Sascha Krenzin, Weißensee Verlag



Printed in Germany

*gewidmet dem Leben,*
*meinem einzigen Lehrer*

# Inhalt

# Über Karim

Wie spricht man über etwas, was sich mit Worten nicht beschreiben läßt – in einer Welt, die scheinbar von Worten zusammengehalten wird, in Wahrheit jedoch von etwas unbeschreiblich Großem getragen ist, jenseits von Sprache und Ausdruck?

Karim hat diese Kraft seit früher Kindheit erfahren und sie als das ETWAS bezeichnet. Dort, wo dieses ETWAS ihn hineingestellt hat, wurden nicht viele Worte gemacht, schon gar nicht ging es um die Zusammenhänge des menschlichen Seins, um das Eingebundensein in etwas Unnennbares. Mißbrauch, Gewalt, Sucht, Prostitution – so ließe sich nüchtern die Erfahrungswelt Karims umreißen. Wieder bleibt die Sprache auf der Strecke, denn diese vier Substantive können unmöglich das von ihm Er-lebte transportieren, vermögen es nicht erfahrbar zu machen. Ebenso bleibt es ein Mysterium, wieso *dieser* Weg schließlich in die Realisation führte, die Karim mit uns in dem vorliegenden Buch teilt.

Seit seiner Jugend erfuhr Karim Zustände von Ich-Losigkeit und erlebte über lange Phasen die Gegenwart einer unwandelbaren Präsenz. Zugleich wurde er in seinem Leben, das geprägt war von Mißbrauch, Drogenkonsum und -entzug, Prostitution und Exzessivität, immer wieder mit dem Wirken einer Kraft konfrontiert, die größer als sein menschlicher Wille war.

Nach Jahren immer tieferer Hingabe an diese Kraft offenbarte sich schließlich das Eins-Sein mit ihr. Karim als Person wurde in diesem Geschehen als nicht-existent erfahren: Die Idee von getrennten Individuen in einem von ihnen gewobenen Lebensgebilde löste sich auf und kehrte zu ihrer Quelle zurück. All dies vollzog sich ohne Unterstützung oder Unterweisung durch einen Lehrer. Seine einzige Orientierung blieb die von ihm als ETWAS bezeichnete Präsenz. Bestätigung erfuhr er erst kurz vor dem „Erwachen“ durch die Lehren von Ramana Maharshi und Nisargadatta Maharaj, dem er sich in der kompromißlosen Vermittlung der Lehre der Non-Dualität zutiefst verbunden fühlt.

Nach dem „Geschehen“ führte Karim über mehrere Jahre ein zurückgezogenes Leben und besuchte Satsanglehrer, um das Erfahrene zu integrieren.

Seit Oktober 2004 gibt er Satsangs in Berlin und in anderen deutschen Städten und bietet in regelmäßigen Abständen Retreats an.

Wenn Karim spricht, füllen seine Worte den Raum. Sie laden zum *Verstehen* ein, und in ihrer unausweichlichen Klarheit zerstören sie ein Konzept um das andere: Das Ich existiert nicht.
Dann bleibt nichts als *Hingabe:* An diese Zerstörung, an das Unwissen und das Erfahren, nichts im Leben wirklich in der Hand zu haben.

Hinter dem Gesprochenen breitet sich tiefe Stille aus, und die unbewegte, unveränderliche Präsenz erscheint als Untergrund der Worte, Personen, Dinge – gibt uns auf wunderbare Weise die Kraft, lebendig zu sein und uns diesem Paradoxon zwischen scheinbarer Nicht-Existenz und tiefem Erfahren und Erleiden immer wieder zu stellen.

Das Verstandene, die Klarheit möchte im tiefsten Menschsein gelebt (und geliebt) werden, sagte Karim einmal. Möge dieses Buch den Leser in seinem tiefsten Menschsein berühren, ihn an die kristallklare Grenze des Verstehens führen und ihm einen Geschmack des Unbeschreibbaren schenken.

Ich bin dankbar, Karim begegnet zu sein, mit ihm Stille, Lebendig-Sein und die Arbeit an diesem Buch geteilt zu haben.

Barbara Müller, Juli 2007

# Zu den verwendeten Begriffen

*Die hier zusammengestellten Texte stammen aus Satsangs und Gesprächen mit verschiedenen Menschen aus dem Zeitraum 2004 bis 2007. Alles ist in Bewegung, so auch die Satsangs, die sich permanent verändern.*

*Wenn du dieses Buch liest, wirst du sehr oft auf den Begriff GOTT treffen. Natürlich verbindet sich für dich eine ganz eigene Begrifflichkeit damit. Ich benutze GOTT gleichberechtigt für SEIN, EXISTENZ, BEWUSSTSEIN, STILLE, NON-DUALITÄT, DAS.*

*Wenn vom „Ich Bin" die Rede ist, geht es um ein erfahrbares Sein im Sinne eines erfahrbaren „Zustandes", welches von Nisargadatta als das „torlose Tor" bezeichnet wurde.*

*All diese Benennungen sind letztendlich nur Worte – hinter den Worten ist Stille – jenseits von Benennungen und Benennbarkeit.*

*Genauso verhält es sich mit dem Gebrauch der Personalpronomen, die auf die „Person Karim" sowie auf andere „Personen" verweisen. Ohne Zweifel ist es immer das eine ungeteilte Bewußtsein, welches sich durch Körper ausdrückt und sich auf eine Form limitiert.*

*Alle Wiederholungen von Bildern und Konzepten entspringen dem Verliebtsein in das Leben. Ständig hast du das Bedürfnis, vom Geliebten zu sprechen – wenn du es nicht mehr hören kannst, bist du es.*

*Karim*

# Willkommen im Satsang

Ich verstehe nichts von Erwachen, Erleuchtung und dem ganzen Zeug. Das hier ist es schon. Und ich meine keinen besonderen Raum, sondern DAS, wie es sich hier manifestiert. Und wenn *du* hier hereinkommst und schaust, wie es sich manifestiert, dann wird es immer falsch sein. Es kann nur falsch sein, weil die Manifestation nicht wirklich ist. Du wirst überall, wo du hingehst fragen: Ist es richtig oder falsch?

ॐ

Es ist möglich, jeden Grund, weshalb ihr hierher gekommen seid, draußen zu lassen, jeden Weg, den ihr bisher gegangen seid. Völlig neu am Start. Das Einzige, was am Erwachen hindert, ist die Idee, daß du als Person hierhergekommen bist: Mit *deiner* Geschichte, mit *deinem* Suchen. Aber hier gibt es nichts.

Ich erinnere mich: Als Kind haben wir Staudämme und Sandburgen gebaut. Da existierte nichts anderes, den ganzen Tag über. Irgendwann ließen wir das wunderbare Bauwerk einfach in sich zusammenstürzen.
Wir sehnen uns alle danach, Kind zu sein, Staudämme zu bauen, sie wieder zu zerstören.

Wenn die Idee von ankommen wollen draußen bleibt, was ist dann hier?

ॐ

**F.** Du sagst oft, man bekommt hier nichts. Und ich denke dann immer: Das stimmt doch gar nicht, das ist genau das Gegenteil, man bekommt ganz viel.

**K.** Du bekommst, weil du etwas gibst. Jede Schicht, die geht, jede Idee von „ich", die geht, läßt mehr Raum. Du bekommst hier nichts dazu, es wird etwas genommen, und dadurch wird etwas ganz Natürliches frei. Es ist, als würdest du einen Brunnen graben. Du schaffst nicht den Raum für den Brunnen, du beseitigst nur die Erde. Und das geschieht im Satsang, wenn man aufrichtig ist. Nicht unter Druck: „Ich muß aufrichtig sein". Es hat mit Hingabe und Demut zu tun. Und es geschieht, wenn die Gnade es so will. Es gibt niemanden, der das *macht*.

ॐ

**F.** Manchmal empfinde ich es als komisch, daß ich zum Satsang gehe. Das fühlt sich total schräg an. Ich ziehe mir da etwas rein, obwohl eigentlich ansteht, daß ich es selbst lebe. Wie ein Alibi ist das. Es hört sich so toll an: Jetzt bin ich beim Satsang, das ist meine Family. Und genau das ist auch schön daran. Gleichzeitig erscheint alles irgendwie surreal, wie in einem Film. Wie eine Seifenblase, die jederzeit platzen kann.

**K.** Laß sie platzen, wenn sie platzen will. Family ist ein Nebenprodukt. Sehr schön. Das meine ich mit Aufrichtigkeit: Weshalb bin ich wirklich hier? Will ich hören: Es ist alles gut, will ich mich einlullen lassen, will ich Family? Einfach nüchtern schauen. Und wenn etwas platzen will, laß es platzen.

**F.** Gestern war es wunderschön, im Kreis zu sitzen, die Kerzen. Es zieht mich immer wieder dahin, mich mit Menschen zusammenzutun. Woher kommt die Sehnsucht danach?

**K.** Der Mensch ist ein Rudeltier. So funktioniert auch der Kegelclub. Deshalb sage ich immer: Kein Unterschied, ob wir kegeln gehen oder hier sitzen.

ॐ

**F.** Also, ich gehe zum Satsang, um Eins zu werden.

**K.** Wunderbar. Aber ich verstehe nichts davon, Eins zu werden. Einfach deshalb, weil alles schon Eins ist.

**F.** Aber für mich ist Erfahrung das Entscheidende. Ich kann dann für mich sagen: Das war eine Erfahrung, die mich jenseits des Verstandes geführt hat. Und wenn du sagst, alles ist schon Eins, dann habe ich diese Erfahrung nicht.

**K.** Hier geht es nicht um Erfahrungen. Hier ist absolute Nüchternheit. Jede Erfahrung kommt und geht. Auch die von Einheit.

**F.** Ich verstehe unter Einheit etwas ganz anderes.

**K.** Ich weiß nicht, was Einheit ist. Aber es scheint, daß du es weißt. Ich weiß, was Einheit in der Dualität ist. Aber das, worauf ich hinweise, ist jenseits der Dualität. Und ich weiß nicht, was das letztlich ist. Ich weiß nur, daß es nicht bedingt ist durch Menschen, Orte, Zustände und Erfahrungen. Und wenn du Erfahrungen suchst, die gibt es hier nicht. Alles was still wird, wird wieder laut. Natürlich kannst du nach dem Satsang in Stille schwelgen, aber es wird wieder laut.

**F.** Ich nenne Einheit keine Gedanken, sondern einfach sein, still.

**K.** Und irgendwann kommt der Punkt, wo du an der Klippe stehst. Dann lautet die Frage: Bin ich bereit, die Stille herzugeben für DAS. Das war für mich wie ein Tod. Wie Nisargadatta sagt: „Die Stille wird am Schluß gehen." Und dann wird es wieder laut. Erst ist der Berg ein Berg, dann ist er keiner mehr, dann ist er wieder ein Berg.

Ich habe nicht den Anspruch, still durchs Leben zu gehen und Leute mit meiner Stille zu berühren. Ich will nichts von irgend jemandem hier. Und ich habe nichts zu geben. Ich habe nicht den Anspruch, jemanden still zu machen. Was wäre das für ein Trip.

**F.** Ich lasse dich da, wo du bist. Das ist für mich keine Wahrheit.

**K.** Solange du meinst zu wissen, was wahr ist und was nicht, spielst du Gott. Ich habe diesen Anspruch nicht. Ich weiß, daß ich hier bin, und daß es so, wie es hier ist, perfekt ist. Und noch nicht einmal das weiß ich.

**F.** Und ich bin scharf auf Wahrheit.

**K.** Absolut herrlich. Darauf richtet sich Erforschung. Das hier ist eine permanente Einladung dazu. Aber Erforschung geht schwer, wenn ich das glaube, was ich vertrete. Wenn ich glaube, daß ich das bin, wenn ich darauf beharre, Recht zu haben. Dann ist die Erforschung blockiert. Was die Programmierung anbelangt, hast du gar keine Wahl. Aber da ist die Chance, das Programm einfach einmal laufen zu sehen. Und dann kannst du erforschen: Bin ich das eigentlich wirklich? Dann bleibt die Idee von „ich" außen vor, und es zeigt sich ein unpersönlicher Ablauf.

ॐ

**F.** Ist es nicht auch eine Art Sucht, immer wieder hierherzukommen in den Satsang?

**K.** Es ist eine Art von Sucht zu glauben, daß du jemand wärst, der glaubt, hierhergekommen zu sein. Aber da ist niemand. Es ist das Eine, was hier ist. Und ob ein Körper-Verstand süchtig ist nach Satsang, oder süchtig nach Drogen, oder überhaupt nicht süchtig, verändert nicht die Quelle.

Wenn ich meine, hier zu sein, stellt sich gleich die Frage: Bin ich am richtigen Ort, ist das der richtige Lehrer, sind das die richtigen Leute? Ich und die anderen. Aber es ist völlig unspektakulär. Es ist das gleiche, wie auf dem Oktoberfest zu sein. Die Menschen, die sich dort befinden, haben auch nicht die Wahl. Oder ein Mörder, der gerade jemanden umbringt: Der hat keine Wahl. Das hebelt natürlich alle Moralvorstellungen aus von einer besseren Welt. Jesus hat gesagt: „Vergib ihnen, denn sie wissen nicht, was sie tun."

ॐ

Alles, was kommt und geht, ist vergänglich. Trotzdem bleibt etwas. Natürlich ist es toll, wenn der Film ab und an anhält. So ein Samadhi ist großartig. Alles leert sich, nur noch Nichts: Herrlich. Aber alles, was sich leert, füllt sich wieder. Und wenn du hier im Satsang Stille oder Gedankenlosigkeit erfährst, dann ist es nur eine Einladung zu erkennen, daß das, was du bist, *davor* ist. Als du dachtest, war etwas da, als es leer wurde und auch als es sich wieder füllte. Deshalb hat DAS nichts mit der Person zu tun. Davon hat niemand etwas. Und an diesem Punkt wird es für die meisten Leute völlig uninteressant. Dann kannst du nicht einmal mehr sagen: *Ich* bin still. Stille *erscheint*, Gedankenlosigkeit *erscheint*.

Man könnte vielleicht in diesem Satsang-Traum sagen, daß der Zustand der Gedankenlosigkeit eine Art Lockmittel ist. Wie eine Droge. Das fixt dich an, nimmt dich mit. Sonst würde sich ja niemand auf den Weg machen. Aber du wirst die Droge unterwegs verlieren. Deswegen sprechen viele Lehrer von Glückseligkeit. Sonst würde niemand in die Gänge kommen, wenn es heißen würde: *Nichts* wartet auf dich.

# Erwachen, Erleuchtung und andere Konzepte

Erleuchtung oder Erwachen haben nichts mit uns zu tun, mit den Personen. Es ist etwas viel Größeres. Deshalb finde ich es schön, wenn Nisargadatta seine Anhänger immer aufgefordert hat, ihre Arbeit zu machen und ein ganz alltägliches Leben zu führen. Wir erkennen Gott nicht. Gott erkennt uns. Sobald eine Idee da ist, eine Vorstellung, das ist der Holzweg.

Es geht schnell auf diesem spirituellen Weg, daß man sich einrichtet auf einem Platz: *Meine* Stille, *mein* Frieden. Nichts, da ist nichts. Wir werden es nie begreifen können.

Wir wissen nichts. Dieses Ausgeliefertsein, diese Hoffnungslosigkeit, darin liegt eine Chance. Hört sich nicht attraktiv an, wie? Da fällt mir eine Pharma-Werbung ein: „Wir machen die Welt schmerzfrei." Das hätten viele sehr gern.

ॐ

Es war sehr wichtig für mich, das Geschehene zu überprüfen, um nicht auf einen Trip zu kommen. Das hat viel mit Demut zu tun, mit Hingabe.

Ich glaube, Erwachen ist etwas, das ist nie fertig. Es ist eine permanente Einladung. Auch die großen Lehrer, Ramana, Ramesh, Tony Parson, vermitteln das: Es hört nie auf. Gott sei Dank: Gott hört nie auf. Und alles ist dir Lehrer, jeder Schritt. Trotzdem ist es wichtig, einen scheinbaren Lehrer in einem Körper zu treffen, der das bestätigt.

Die Aussage „Ihr Guru ist ihr eigenes Selbst" von Nisargadatta ist sehr heikel. Das kann das Ego sehr gut für sich nutzen. Sehr lehrreich für mich sind immer jene Momente, wo ich demütig werde, wo Demut geschieht. Das waren nie irgendwelche spirituellen Kisten, das war immer das Leben. Wenn du irgendwann erkennst: Ich kann das Leben nicht meistern. So fängt es oft an.

Es ist eigentlich eine Gotteslästerung, zu sagen: Ich will erleuchten; überhaupt auf die Suche zu gehen nach Erleuchtung. Gott ist so etwas Großes, und wir winzigen Figuren wollen erleuchten oder erwachen.

ॐ

**F.** Du hast gesagt, man bekommt nichts beim Erwachen, das Gegenteil sei der Fall. Was geschieht dann?

**K.** Das Ich geht verloren: Ich und die Stille, ich und die Liebe, oder im krassen Fall: Ich und mein Erwachensprozeß. Nicht daß das Ich weggeht, es wird erkannt als das, was es ist. Aber solange eine Vorstellung da ist, wie das zu sein hat hier, ist Erwachen nicht möglich – scheinbar. Weil du dann sagst: Nein, Gott, du hast dich geirrt. Es ist anders, ich weiß, was Erwachen ist. Aber das hier ist schon der göttliche Ausdruck, es ist DAS. Und wenn du es nicht haben willst, dann sagst du: Ich weiß es besser, ich weiß, wie es ist.

ॐ

**F.** Gibt es nicht bestimmte Anzeichen für das Erwachen? Daß ich nicht mehr soviel überflüssigen Kram erschaffe, daß die Absichten reiner werden. Daran messe ich es.

**K.** Das ist es. Deine Handbewegung gerade. Die Gedanken und Worte von Dir. Das ist es, was du bist. Wie willst du dich setzen, wenn du schon sitzt? Es ist, als würde sich der Mikrofonständer fragen: Wie werde ich Mikrofonständer? Das ist das gleiche wie die Frage: Wie kommen wir hier raus? Aber es gibt keinen Ausgang. Es ist so verführerisch, Erwachen als Ausgang zu benutzen. Hauptsache nicht hier sein müssen.

**F.** Das glaube ich nicht.

**K.** Wunderbar. Glaube kein Wort, was hier gesagt wird. Und glaube dem nicht, der nicht glaubt.

ॐ

Losgelöstheit ist der Motor für die meisten zum Erwachen. Endlich rauskommen: Wenn ich erwache, werde ich alles als Traum erkennen, dann bin ich mich endlich los. Dann muß ich mich nicht mehr weiter mit diesem Etwas herumschlagen. Dieses Gefühlsbündel nervt sowieso nur; dann bin ich endlich weg. Aber so funktioniert es nicht. Es ist die absolute Liebe und die absolute Nähe. Näher kannst du dir gar nicht kommen. Du wirst jede Macke erleben, du hast keine Wahl, etwas auszuschließen. Du *bist* das alles.

ॐ

Gestern fragte mich jemand: Kommst du dir in *dem Zustand* nicht allein vor? Darauf gibt es keine richtige oder falsche Antwort. Lustig daran finde ich nur, daß gedacht wird, ich sei das, was hier sitzt: Ein Zustand, etwas Festes. Natürlich kann Alleinsein erscheinen. Wenn du etwa eine Beziehung hast und es geschieht Trennung vom Partner, natürlich kommt dann Alleinsein. Aber es wird das sein, was es ist: Alleinsein. Und DAS bleibt immer gleich: Zusammen oder allein. Ein Paradoxon.
Das Leben geschieht, aber es geschieht niemandem.

Natürlich haben wir alle den Wunsch, uns *dann* („nach" dem Erwachen) nie mehr allein zu fühlen. Auf gewisse Weise ist das auch so, weil da niemand ist, dem das Alleinsein gehört.

Es ist so vergeblich zu glauben, irgend etwas könnte anders sein. Wenn es anders sein sollte, wäre es anders. Die Existenz schießt einen Pfeil los, der heißt Zweifel. Zufällig kommt er an einer Gruppe von Menschen vorbei, eine Person springt hoch: Ha, der gehört mir!

Dabei kann man gar nicht trennen, welches Gefühl zu wem gehört. Hier im Raum sind nahezu alle Gefühle vertreten. Oder Stille, die sich auftut: Sie ist einfach da, aber jeder bezieht sie auf sich. Hier sitzen Körper im Raum – und jeder meint, das wäre *er*.

Der Verstand stellt sich das „nach dem Erwachen" so vor, als wüßte er dann nicht mehr, wohin er gehört. Aber wovon ich spreche, ist keine Einheit, sondern die Abwesenheit von Zweiheit. Das ist ein ganz subtiler Unterschied, der vom Intellekt nicht zu erfassen ist.

ॐ

Natürlich kann man versuchen, scheinbar, wenn der Moment der Erleuchtung geschieht, sich darin breit zu machen. Aber das wird einem gnadenlos unter dem Arsch weggerissen, weil alles in der Zeit kommt und geht. Doch offenbar wird das, was bleibt. Erleuchtung ist sozusagen das Höchste, was man in der Welt erreichen kann. Und wenn erkannt wird, daß sogar die geht, daß sogar Gott geht, daß sogar Bewußtsein kommt und geht, daß sogar die Quelle kommt und geht: Dann bleibt *Nichts*.

Deshalb freut es mich immer enorm, wenn jemand von tollen Erfahrungen berichtet und sagt, die seien vorbeigegangen. Ich liebe schöne Erfahrungen, es ist herrlich, wenn sie kommen. Und es ist immer wieder eine Offenbarung für das, was bleibt.

ॐ

**F.** Einerseits erfahre ich mich als getrennt; doch ich kann doch ebenso sagen, daß ich reines Bewußtsein, DAS bin, also in „diesem“ Zustand bin. Das kann gar nicht anders sein. Und doch gibt es ein „vorher“ und ein „danach“.

**K.** Du wartest immer noch auf dein Satori. Vielleicht können wir das hier künstlich inszenieren, mit Orchester, Geigen und Chor.

Stell' dir mal vor, wie gräßlich es wäre, wenn das, was du bist, plötzlich erscheint. Und es ist verrückt, weil viele sogenannte Erwachte von einem Moment erzählen, der einschneidend war. Das triggert natürlich an.

Was der Verstand aber nicht gern anerkennt: Daß „Erwachen“ ein Nicht-Event ist. Der hört nur: Event, ha, da hört alles auf. Aber daß einen Satz später bei den meisten auch steht, daß das Nichts sich offenbart und daß alles geht, das gehört nicht zum Satori. Und daß da niemand ist, der etwas hat vom Satori. Deshalb sagt Ramesh ja: Wenn du die Wahl hast zwischen Erleuchtung und einer Million Dollar, nimm die Million. Dann ist wenigstens noch jemand da, der sich daran freuen kann.

Denn in diesem Moment wird erkannt, daß es keinen Handelnden gibt, keinen freien Willen, und daß es nie jemanden gab, der hätte erleuchtet werden können. Deshalb hat niemand etwas davon. Es ist das gleiche wie jetzt.

**F.** Aber immerhin bringt es eine Erkenntnis.

**K.** Der, der etwas erkennen könnte, entlarvt sich in dem Moment als nicht existent. Deshalb ist DAS jenseits von Erkennen und Nichterkennen, von Erinnern und Vergessen. Was mußt du erkennen, um hier zu sein? Du kannst doch nicht leugnen, daß du hier bist. Probiere einmal, nicht hier zu sein. In der tiefsten Meditation bist du anwesend. Im tiefsten Tiefschlaf ist etwas anwesend. Probiere einmal, das loszuwerden.

**F.** Wenn wir Es sind, können wir Es doch gar nicht erkennen.

**K.** Deshalb sage ich ja: Der Versuch, DAS zu erkennen ist wie der Versuch, sich zu setzen, wenn ich schon sitze. Es ist so verdammt anstrengend, weil ich es schon bin. Es ist egal, ob du suchst. Da ist niemand, der aufhören könnte, niemand, der anfangen könnte. Deshalb sage ich: Der Versuch zu erwachen ist das gleiche, als wenn der Hund fragen würde: Wie kann ich ein Hund werden? Du würdest ihm doch auch sagen: „Mensch, du *bist* doch schon ein Hund.“

**F.** Sucht der Mensch nur die Gebrauchsanweisung? Der Hund weiß, daß er Hund ist. Warum weiß der Mensch nicht, daß er Mensch ist?

**K.** Weil in dem Spiel der Erscheinung Mensch der Ich-Gedanke durch das Bewußtsein erscheint. Das Bewußtsein ist eigentlich frei, und darin erscheint die Person. Das Bewußtsein dockt an und verliert sich in der Person. Und im Moment der Selbsterkenntnis erkennt das Bewußtsein sich selbst und löst sich von der Person. Deshalb hat die Person damit gar nichts zu tun. Weil *Gott* sich erkennt. Es heißt Selbst-Erkenntnis, nicht Ego-Erkenntnis, Personen-Erkenntnis oder Verstandes-Erkenntnis. Und die Selbsterkenntnis ist so gnadenlos, die interessiert es gar nicht, wie es der Person geht, ob sie etwas erkennt oder nicht. Sie wird einfach zurückgelassen.

Das ist das paradoxe bei der Selbsterkenntnis. Deshalb erwacht die Person nicht. Und wann dieses Abdocken geschieht, das ist ein Mysterium. Aber das spielt keine Rolle. Solange jemand da ist, der das Erwachen dem Nichterwachen vorzieht, ist Identifikation da, Dualität. Wenn ein Zustand bevorzugt wird, hat das mit Erwachen nichts zu tun. Deshalb sind die wenigsten bereit, die Erleuchtung gehen zu lassen, das Satori, dieses Phänomenale.

ॐ

**F.** Es sind so viele Konzepte da. Zum Beispiel habe ich ein Konzept aus deinen Worten gemacht, daß wir das konstante Sehen hinter allem sind. Nun sage ich mir immer wieder: Ich bin ja das Sehen, das, was alles sieht. Dann ist mir bewußt geworden, daß das auch nur ein Konzept ist, an dem ich festhalte.

**K.** Was ist falsch an Konzepten?

**F.** Nichts. Dann ist da noch ein Konzept, ein altes: Früher habe ich *vom Kopf her* immer wiederholt, daß ich nicht der Körper, die Gedanken, die Gefühle bin. Jetzt ist da eher die Wahrnehmung, daß ich mich davon nicht trennen kann, daß da keine Trennung ist.

**K.** Noch ein falsches Konzept?

**F.** Nein.

**K.** Es findet alles in DEM statt. Aber der Verstand macht aus allem ein Konzept. Sogar aus der Aussage: Es gibt nichts zu tun. Sogar aus dem Nichts. Aber Nichts ist Nichts. Das Entscheidende ist, daß da niemand ist, der Konzepte hat. Alles kommt und geht: Erwachen, Ich Bin, Konzepte. Es gibt nichts, was nicht geht. Auch Stille kommt und geht. Und dieses sogenannte Erwachen, wenn es das denn gibt, hat nichts damit zu tun, daß sich irgend etwas verändert. Es ist einfach eine Veränderung in der Wahrnehmung, aber nicht für die Person. Deshalb gibt es keine erwachte Person.

Jede Technik, die wir ausprobieren, ist letztlich nur eine Einladung, zu erkennen, daß es durch Tun nicht zu erreichen ist. Und das Tun geschieht auf vielen Ebenen. Zum Beispiel mit der Vorstellung: Ich bleibe im Sehen. Und wenn ich oft genug im Sehen verweile, bleibe ich dort für immer. Dann bin ich erwacht. Eine weitere Technik. Und das ist absolut vollkommen.

ॐ

Das Wesentliche an Erleuchtung oder Erwachen ist, daß auch sie vergänglich sind. Das ist das, worauf sie hindeuten können. Daß auch Erwachen und Erleuchten kommen und gehen.

Nisargadatta hat gesagt: „Erleuchtung ist ein Moment. Das Erforschen davon ist endlos." Das hört sich so an, als gäbe es jemanden, der erforschen könnte. DAS erforscht. Und DAS ist endlos.

## Zustände kommen und gehen, doch worin?

Mit der Glückseligkeit ist es so, daß wir immer auf der Hut sein müssen, ob wir sie nicht verlieren. Aber alles, was kommt, geht wieder. Alles, was sich durch das sogenannte Erwachen offenbart, vergeht wieder. Doch es kann auf das hindeuten, was immer hier ist.

Ohne uns keine Glückseligkeit, ohne uns kein Gefangensein – ohne DAS, was wir wirklich sind. Jeder Versuch, an Zuständen herumzumachen, stiller zu werden oder ähnliches, wird immer im Traum stattfinden. Jeder Zustand ist *in* der Zeit.

Es gibt nur Einheit. Und jedes Erreichen wollen findet in der Einheit statt. Das größte Verlorensein ist Ausdruck der Einheit. Deshalb ist es völlig unerheblich, ob im Traum etwas gefunden oder verloren wird.

ॐ

**F.** Bei mir stellt sich manchmal ein Gefühl von Weite ein. Ganz viel Weite, ganz viele Möglichkeiten. Das ist einerseits schön, frei, aber andererseits scheint es mir auch wie ein Fallen ins Bodenlose.

**K.** DAS ist absolut bodenlos. Es gibt nichts Schöneres als Fallen. Ein anderes Bild dafür ist das von Bewußtsein, welches endlos in Bewegung ist. *Das* ist es, was wir sind. Und das zerschmettert natürlich alle Vorstellungen. Angefangen von der Vorstellung, daß ich wüßte, wer ich bin, bis hin zu dem Gedanken, ich wüßte, was Zeit ist. In diesem Fall weißt du nichts mehr.

Es geht schnell, mit solchen Beschreibungen Konzepte zu erschaffen, etwas Festes. Wie anmaßend, was für eine Ironie, daß das Ego in dieser Unermeßlichkeit, in diesem Göttlichen auf die Idee kommt, erwachen zu wollen. Was für eine Egozentrik. Das Ego, welches sagt: Ich will zu Gott. Das ist, als würden die Sonnenstrahlen sagen: Ich will zur Sonne.

ॐ

**F.** Meine Frage ist, was geschieht, wenn man einen Satsanglehrer trifft und diesen Blickkontakt hat und wenn sich dann diese Zustände von Stille einstellen. Wie entstehen diese Zustände?

**K.** Im Traum geschieht das in diesem Setting. Aber es sagt nichts darüber aus, was wir sind. Vielleicht dient es nur dazu zu erkennen, daß auch das kommt und geht.

Sicherlich kennst du den Mechanismus, es greifen zu wollen, mehr davon haben zu wollen?

**F.** Aber könnte das nicht Erwachen sein?

**K.** Glückseligkeitszustände haben nichts mit Erwachen zu tun. Erwachen ist kein Zustand. Wenn das erfaßt wird, wollen die wenigsten noch erwachen. Mindestens Glückseligkeit soll es sein. Oder Frieden. Oder Stille.

**F.** Ich dachte immer, daß es sich als permanente Freude ausdrücken würde.

**K.** Erwachen ist nicht bedingt durch die An- oder Abwesenheit eines Zustandes. Es ist jenseits von Freude oder Leid. Freude ist eine erste Erscheinung. Es ist viel simpler. Es ist das, was hier ist. Die Kinder draußen, deine Gedanken, deine Gefühle. Alles was du hier wahrnimmst, das ist schon DAS.

Erwachen hat nichts damit zu tun, daß man etwas bekommt. Es ist genau das Gegenteil. Jeder Zustand ist viel zuviel Gepäck. Alles, was nach „Ich bin ..." kommt, ist zuviel.

ॐ

Der Traumtänzer kann seinen Traum still gestalten, erwacht, im Sein ruhend, friedlich. Aber da wird immer eine Angst sein, etwas verteidigen zu müssen, auf der Hut zu sein, um es nicht wieder zu verlieren. Das, was hier ist, ist bedingungslos, ist bedingungslose Liebe. Um dorthin zu kommen, kann man nichts tun.

Aber der Verstand ist darauf trainiert, etwas zu tun, um irgendwo hinzukommen. Und wenn es am Ende nur das zu tun gibt, nichts mehr zu tun.

Das ist es, sagt der Verstand: Ich muß also nur oft genug in DAS gehen, um dort zu „bleiben". So funktioniert es nicht. Was ist falsch daran, wenn sich nachher wieder das Gedankenkarussell dreht, wenn wieder Bedürfnisse auftauchen?

ॐ

**F.** Nach dem letzten Satsang wollte ich mich schnell zurückziehen, und es fiel mir überhaupt nichts ein, um mir Freude zu verschaffen. Ich dachte: Ist doch sowieso alles nur Illusion. Ich wußte, ich hatte etwas nicht verdaut und wollte es verarbeiten. Aber der Mechanismus der Verarbeitung funktionierte nicht mehr.

**K.** L. hat erkannt, daß es den Träumer gar nicht gibt.

**F.** Der Träumer hat den Traum erschaffen, und ist dann zurück in den Traum gegangen.

**K.** Wie könnte jemand, den es nicht gibt, etwas erschaffen?

**F.** Ich kann nichts Echtes erschaffen, aber eine Illusion.

**K.** Eine Illusion kann gar nichts. Diese Traumfigur hat die Idee von Erwachen und Erleuchtung. Und da es die nicht gibt, gibt es auch kein Erwachen. Und es gibt keine richtigen oder falschen Fragen. Es ist immer DAS. Es scheint, es würde irgendwohin führen, als würden wir uns etwas annähern. Aber es gibt keine Annäherung. Alles, an das man sich annähert, von dem entfernt man sich wieder.

ॐ

**F.** Als du eben gesprochen hast, da erschien es mir auf einmal, als wäre ein Vorhang beiseite geschoben, da schien auf einmal alles vollkommen klar. Mit Klarheit meine ich das, was du als Abwesenheit von Zweifeln bezeichnest. Aber nun ist der Vorhang wieder da.

**K.** Schön, was du da beschreibst. Aber es ist etwas, was kommt und geht. Und es ist bedingt durch die Anwesenheit von Klarheit. Worum es scheinbar hier geht: Daß du *vor* Klarheit und Unklarheit bist, *vor* dem offenen Vorhang und dem geschlossenen. Andernfalls wärst du immerzu damit beschäftigt, dafür zu sorgen, daß der Vorhang nicht wieder zugeht.

ॐ

**F.** Was geschieht, wenn ich vollkommen unbewußt bin oder gedanklich einfach weg? Ich habe dann oft das Gefühl, zurückzufallen hinter etwas, was ich schon einmal „gekonnt" habe.

**K.** Du mußt immer noch anwesend sein, damit die Unbewußtheit geschehen kann. Ohne dich kann keine Unbewußtheit geschehen. Im Tiefschlaf, wenn du völlig unbewußt bist, dir nicht des Körpers, der Gedanken bewußt bist, bist du immer noch anwesend. Probiere das einmal los zu werden. Deshalb: Erwachen hat nichts damit zu tun, bewußt zu sein. Bewußter, bewußter, bewußter, und irgendwann bin ich so bewußt, daß ich es habe. Alles, was bewußter wird, wird wieder unbewußt. Das sind Zustände. Aber das, was die Bewußtheit sieht und die Unbewußtheit, ist immer hier.

**F.** Bewußtsein ist mit Freude verbunden, Unbewußtheit meistens mit Leiden. Wenn ich mich entscheiden könnte, würde ich lieber die Freude wählen.

**K.** Darum geht es hier nicht. Hier geht es nicht darum, in einen guten Zustand zu kommen oder etwas loszuwerden. Einfach, weil es niemanden gibt, der sich gut oder schlecht fühlt. Das ist wieder eine Diskussion über etwas, was es nicht gibt.

Aber damit „schlecht fühlen" geschehen kann, ist eine Anwesenheit notwendig, in der sich „schlecht fühlen" und „gut fühlen" abwechseln. So, wie im Tiefschlaf eine Anwesenheit da ist; dann kommt der Wachzustand, der Traum, wieder Tiefschlaf. Hinter diesem Wechsel ist eine Anwesenheit. Das was sieht, wie es L. beschissen geht, sieht auch, wie es L. gut geht. Aber DAS selbst verändert sich nicht. Das ist der Lauf der Dualität. Wenn du dich gut fühlst, wirst du dich irgendwann wieder schlecht fühlen. Oder erlebst du etwas anderes?

ॐ

**F.** Kann man sich nicht einfach in dieser Anwesenheit, von der du oft sprichst, auflösen? Ich hatte neulich so einen Zustand von Frieden, Selbstgenügsamkeit, Selbstgenuß. Alles andere war mir egal. Aber er ist natürlich wieder vergangen. Da konnte ich die Yogis verstehen, die in den Höhlen sitzen, die Welt vergessen. Es war einfach so schön. Alles da.

**K.** Toll. Es muß sich aber abwechseln mit dem Gegenteil. Und damit dieses Erleben stattfinden konnte, mußt du *da* sein. Oder Etwas muß da sein, damit diese Glückseligkeit und diese Stille erscheinen können. Und Es bleibt da, während sie wieder gehen. So ein Zustand ist absolut großartig. Aber es ist ein Zustand.

ॐ

**F.** Du sprichst immer davon, DAS habe mit Glückseligkeit nichts zu tun. Wenn ich dich dort sitzen sehe, denke ich: So glückselig möchte ich auch einmal sein. So reich.

**K.** „Schau nicht nach Rosen, und du wirst nicht in Dornen greifen", hat Krishnamurti gesagt. Schau nicht nach der Glückseligkeit, und du wirst nicht unglücklich sein.

DAS macht so glückselig. Wenn wir die Glückseligkeit loswerden, sind wir so glückselig.

**F.** Diese Qualität wahrzunehmen, kann doch aber auch ein Ansporn sein, sich immer tiefer auf DAS einzulassen.

**K.** Wie listig der Verstand doch ist. Ramana hat gesagt: Ein weiser Mensch verweilt im Schatten. Ein weiser Mensch, könnte man sagen, läßt sich nicht von einander abwechselnden Zuständen fortreißen, auch wenn sie sich Glückseligkeit nennen. In der Dualität lauert immer auch das Gegenteil. Glückseligkeit ist wundervoll, aber es tut weh, wenn sie wieder geht. Deshalb ist es besser, man richtet sich auf das aus, was nicht kommt und geht.

Man könnte auch sagen: Ein weiser Mensch geht nicht in die Welt der Dualität. Das ist wieder ein Paradoxon, weil das, was *vor* jeder Dualität ist, sich tatsächlich glückselig oder friedlich anfühlt, eher friedlich.

Wenn hier Glückseligkeit auf mich projiziert wird, dann negiere ich das. Was ich bin, ist *vor* Glückseligkeit.

**F.** Es gibt doch aber eine Qualität von Schönheit und Freude, die berührt und erhebt. Ist das nicht eine Verbindung zu der Glückseligkeit hinter allem? Mir fällt es schwer, diese Qualität loszulassen.

**K.** Dennoch sind diese Dinge Erfahrungen. Erfahrungen kommen und gehen. Das Problem an solchen schönen Erfahrungen ist, daß ich versuchen werden, sie zu halten, sie nicht gehen lassen möchte.

**F.** Ja, da kommt Traurigkeit, wenn sie gehen, ein Gefühl von Verlust.

**K.** Auch das ist vollkommen. Aber die Essenz ist *davor.*

*Nichts ist mein Zustand.*
*Doch bin ich der Raum aller Zustände.*

*(Karim)*

## Das Nichts erfährt sich durch die Erscheinung

Wenn gesagt wir, du bist das, was „davor" ist, dann meint der Verstand sofort zu wissen, was „davor" bedeutet. Aber „davor" ist kein Objekt. Es ist *Nichts*. Nichts ist Nichts. Und das Nichts erfährt sich durch die Erscheinung. Das, was du bist, kannst du nur erfahren durch das, was geschieht. Diese Leere, diese Weisheit, die du bist, erfährt sich nur in der Liebe des Gesamten.

Deshalb ist es vergeblich, herausfinden zu wollen, was Es ist. Und wenn das, was wir sind, *vor* jeder Erscheinung ist, macht es wenig Sinn, Erscheinungen verändern zu wollen. Es ist vergeblich.

ॐ

Alles in diesem Raum hier ist vergänglich, alles. Wenn der Gedanke kommt: Jetzt habe ich es logisch begriffen, das ist einmalig. Nie wieder wird der Gedanke an diese Stelle fallen. Wie soll denn in dieser Einmaligkeit etwas zu finden sein. Es bewegt sich.

Während es sich bewegt, ist irgend etwas still. Und dieses Stille ist kein Objekt. Es ist Nichts. Aber es ist etwas da, in dem es geschieht. Während das alles sich permanent verändert, ist etwas da, was die Veränderung wahrnimmt. Und das verändert sich nicht.

In dem Moment, wo das Erkennen geschieht, daß alles sich verändert, bin ich das, was bleibt. Und das kann der Verstand nicht erfassen. Denn: Das was bleibt, ist kein Objekt. Wenn es ein Objekt wäre, würde es auch kommen und gehen. Und in dem Moment bin ich wieder das, was ich bin. Deshalb sind die Erscheinung und die Leere Eins. Das ist nicht zu trennen, die Erscheinung und das Sein. Die Leere erfährt sich durch die Fülle, durch das Vergängliche. Und die Leere kann ohne das Vergängliche existieren, aber das Vergängliche nicht ohne die Leere.

ॐ

Alles was wahrnimmt, ist bereits eine erste Erscheinung. Gewahrsein entspringt aus dem bewegungslosen Bewußtsein. Eine Erscheinung ist schon der erste Abklatsch, die erste Kopie, die erste Trennung von dem bewegungslosen Nichts. Aber etwas muß erscheinen, weil das Nichts sich so erfährt. Und dieses Nichts kann niemand *sein* und von niemandem *gewußt werden.*

ॐ

**F.** Ich nahm mich wahr, wie ich im Bett liege und schlafe, und ich war im Raum. Lag im Bett, fühlte mich atmen. Das hat sich täglich wiederholt. Also, irgend etwas war da noch wach. Aber im Alltag, später, ist es wieder vergangen.

**K.** Da ist etwas, was diese Raum-Wahrnehmung möglich macht. Und es macht es ebenso möglich, daß dir das Wahrnehmen im Alltag nicht mehr gelingt. Das Schwierige: Dies ist schon die erste Erscheinung. Bewußtsein, das sieht, wie ich da liege. Das ist schon nicht mehr still, das ist ein Abklatsch. Das ist schon Bewußtsein in Aktion. Aber diese absolute Stille, vierter Zustand nannte es Ramana Maharshi, die ist völlig bewegungslos. Die ist so bewegungslos, daß sie sich nur in der Bewegung erfährt. Bewußtsein erfährt sich durch Bewegung, durch die erste Bewegung.

Und damit diese erste Bewegung geschehen kann, muß etwas *davor* sein.

**F.** Ich bemerke auch: Bei dem Versuch, eine beglückende Erfahrung zu wiederholen, verkrampfe ich mich. Das geht nicht.

**K.** Wir haben festgestellt, daß man nichts wiederholen kann, daß alles einmalig ist. Es kann nur verkrampfen, das Leben, Gott, wiederholen zu wollen. Jede Glückseligkeit ist etwas Einmaliges, jeder Moment. Wie willst du das wiederholen? Deshalb ist jeder Versuch, an Zustände anzuknüpfen, die Verleugnung der Perfektion jetzt.

Es geht nicht darum, schöne Zustände zu erreichen. Man könnte sagen, es geht darum, das Leben hineinzulassen. Und das ist auch absurd, denn das Leben ist schon drin, es *geschieht* schon. Da ist niemand, der es hineinlassen kann.

ॐ

**F.** Auf dem Weg hierher, als ich durch den Wald fuhr, konnte ich beobachten, wie meine Gedanken kommen und gehen. Dann war da auch einige Zeit Leere, wo gar keine Gedanken da waren. Dabei fiel mir auf, daß selbst in den Nicht-Gedanken Gedanken waren. Das hat mich ziemlich erschreckt: Obwohl ich denke, nicht zu denken, denke ich.

**K.** Ist das schon jemandem aufgefallen? Ich denke, obwohl ich nicht denke. Ich denke, obwohl es keinen Denker gibt. Also hat das Denken nichts mit dir zu tun.

*Es* denkt. Denken *geschieht*. Das alles geschieht, aber da ist niemand, der es tut. Da ist vielleicht dieses Echo, das es zu tun scheint. Aber: Diese Hand hier, die Bewegung, das Schauen, die Gedanken, es denkt, es fühlt – das *geschieht*. Wie sollte man das hier „machen" können? Auch durch den Wald fahren geschieht. Da hockt ein Körper in etwas, was man Auto nennt und fährt durch etwas, was man Wald nennt. Das war es. Dann erscheint irgend etwas, was man Schönheit nennt, oder Stille. Dann erscheint vielleicht die Waldlichtung – oder die Auto-Panne.

ॐ

**K.** Es ist, was es ist. Nichts. „Sommer und Winter wechseln. Keinerlei Botschaft." Die Idee von „mein" kann nur existieren mit dem Ich. Aber wann ist etwas meins?

Als du ein halbes Jahr alt warst, was hast du da gehabt, was war deines?

**F.** Meine Mama zum Beispiel.

**K.** Hattest du da eine Idee von „meine Mama"? Es ist doch das, was geschehen ist. Du lagst im Bettchen. Etwas, was du jetzt Mama nennst, kam, hat dich an die Brust genommen. War da die Idee von „meine Mama"?

**F.** Ich denke, daß diese Frau nicht austauschbar war. Es hätte keine andere Frau das für mich sein können.

**K.** Absolut. Absolut einmalig. So wie dieser Moment. Er könnte genausowenig anders sein als die Frau, die dich geboren hat. Nichts könnte anders sein. Absolut nichts. Der Tisch könnte nicht anders stehen als jetzt. Niemand könnte anders hier sitzen.

Und nichts anderes ist das sogenannte Erwachen. Wenn deine Mutter niemand anders sein konnte als sie war und alles hier so ist, wie es sein soll, sein darf, was hast *du* dann damit zu tun?

Wenn sogar die Idee von „ich“ einfach hier ist. Wo bin *ich* dann? Oder *wer* bin ich dann? Nichts hätte jemals anders sein können. Und es ist so herrlich, diese Einmaligkeit. Dieser Moment wird sich nie wiederholen. Nichts davon, kein Aspekt, wird je wieder so sein wie jetzt. Es ist absolut im Wandel. Und wir wollen das anhalten, mit Erwachen festmachen, das Leben „haben“.

ॐ

**F.** Du sagtest auch, wenn wir DAS begreifen wollen, schauen wir uns um, sehen die Welt, und das ist es schon. Diese Sache mit „Form ist Leere und Leere ist Form“. Aber trotzdem ist es doch irgendwie ein Mysterium.

**K.** Es ist total unbegreiflich, denn das, was sich umsieht, sieht auch den, der es begreifen will. Dieses Sehen sieht alles. Es ist kein Sehen mit den Augen, sondern, wie Ramana sagt: „Sehen ist Sein.“ Und für Sein das Wort Sehen zu benutzen ist gut, weil Sehen keine Bewegung in der Zeit ist. Auch mit den Augen ist Sehen keine Bewegung in der Zeit, es ist unmittelbar. Und so ist es mit dem Sein auch.

Wenn du sagst: Ich sehe die Form, dann ist das in Wahrheit unpersönlich. Nur hat sich darauf die Idee von „ich“ gesetzt. Deshalb ist DAS so nahe, weil wir es immer waren. Wir denken, es ist das Ego oder irgend etwas Böses. Nur daß sich dieses Ich daraufgesetzt hat. Doch eigentlich ist es nur Sehen. Sehen sieht, wie der Verstand beobachtet.

ॐ

**F.** Ist das, was sieht, das gleiche wie das Objekt, das gesehen wird?

**K.** Ja. Das ist nicht trennbar. Ohne Wahrnehmung kein Objekt. Ohne Kamera kein Film. Alles, was erscheint, lebt durch die Wahrnehmung. Ohne Wahrnehmung erscheint nichts. Und das, was wir sind, ist *vor* der Wahrnehmung. Das Objekt ist das Wahrgenommene, das Subjekt ist das Wahrnehmende. Und das, was dies beides ermöglicht, die Einheit, ist das, was wir sind. Vor Subjekt und Objekt, vor Erfahren und dem Erfahrenden, vor jeder Dualität.

Deshalb gibt es da kein Herauskommen. Morgens, wenn das „Ich Bin“ erscheint, dann baut sich alles zusammen. In diesem Moment kreierst du das Zimmer, in dem du aufwachst, durch die Wahrnehmung; den Schrank, das Bett, die Decke. So erscheint es plötzlich, aus dem Nichts.

Und so, wie morgens Schrank, Bett usw. wahrgenommen werden, wird auch dieser Körper wahrgenommen, erscheint er auch. Er entspringt der gleichen Wahrnehmung. Deshalb gibt es ihn im Tiefschlaf nicht. Wenn die Wahrnehmung nicht da ist, gibt es keinen Körper.

ॐ

Die Aussage „Du bist nicht der Körper" bezieht sich darauf, daß niemand existiert, der außerhalb des Bewußtseins handeln kann. Trotzdem manifestiert sich Bewußtsein in einem Körper und gibt vor, dieser Körper hätte einen Besitzer. Damit das Spiel stattfinden kann.

## Absolute Demut bevorzugt keinen Zustand

Dieses *Nichtwissen* kann niemand *machen*. Es ist ein Mysterium, wenn Gott dich zerkleinert. Aber wenn du deine spirituelle Suche anschaust, dann wirst du feststellen, daß du nichts bekommen hast. Es wurde immer weniger. Die Freiheit besteht darin, daß die Ideen über Erleuchtung wegfallen, nicht, daß du eine Idee davon erhältst, was Erleuchtung ist. Das hat etwas mit Demut zu tun. Es wird weniger. Eine Treppe hinunter, nicht eine Treppe hinauf. Deshalb ist alles, was du glaubst zu wissen, zuviel. Und daß dieses „zu wissen meinen" aufhört, kann keiner *machen*. Keiner entscheidet sich für Hingabe oder Festhalten oder für ein anderes Programm. Es *geschieht*. Es ist Bewußtsein, was sich selbst erforscht. Und das ist endlos.

Erwachen ist das Erkennen, daß da niemand ist, den es kümmert: Bin ich am Anfang des Prozesses, in der Mitte oder an seinem Ende? Das Einordnen wollen ist die Bindung. Wenn du keine Angst mehr vor Prozessen hast: Das ist die Demut, von der ich spreche.

ॐ

In einen glückseligen Zustand hineinzufallen ist genauso, wie aus ihm herauszufallen. Die absolute Demut bevorzugt keine bestimmten Zustände. Ohne Frage: Glückselige Zustände sind in dem Spiel angenehmer als Schmerz. Aber alles, was sich öffnet, schließt sich irgendwann wieder. DAS ist vollkommen offen, offen im größten Verschlossensein.

Zustände von Glückseligkeit, Einssein, Raum oder Weite sind ein Geschenk in der Zeit. Wenn sich jedoch all diese Zustände als vergänglich erweisen, offenbart sich das Unvergängliche. Wenn das größte Ziel, die größte Liebe, wenn sogar Erleuchtung wieder gehen muß, kann sich das offenbaren, was bleibt.

ॐ

**F.** Ich frage mich, ob es der Existenz egal ist, ob Erkenntnis stattfindet oder nicht. Wenn meine Rolle nur illusionär ist, was bleibt mir dann letztlich? Es scheint sogar eine Illusion, Erleuchtung erlangen zu wollen. Also sage ich mir: Ich werde geboren, ich leben mein Leben, ich sterbe – das war's. Das fühlt sich so an, als gäbe es keine Chance, irgend etwas zu begreifen. Nur geboren werden, sterben.

**K.** Ja, absolut hilflos. Aber du bist nicht das, was geboren wird und nicht das, was stirbt.

**F.** Und wenn du sagst: Es gibt keinen Ausgang. Das ist für mich, als werde ich nie hinkommen. Alles ist nur illusionär. Das ist wie Aufgabe. Einfach diese Anspannung loslassen, Erleuchtung zu suchen. Aber auch Verzweiflung.

**K.** Es gibt die „dunkle Nacht der Seele". Für manche Körper-Verstand-Mechanismen, bei denen das Verstehen geschieht, fällt alles weg: Beziehung, Arbeit, Bezüge. Aber das Neue, die Fülle, ist noch nicht sichtbar. Das kann erscheinen wie eine Resignation, wie Trostlosigkeit. Und dann gibt es wieder Menschen, für die ist die Trostlosigkeit genau das, wonach sie sich gesehnt haben. Andere empfinden es als unangenehm. Das ist dann wie ein Gang durch die Wüste. Aber das Leben kommt wieder zurück.

Das alles, was als nichtig erkannt wurde, kommt wieder. Aber nie mehr als das, was es war. Nie mehr als *deines*.

ॐ

Die meisten haben sich irgendwann als Kind geschworen: Nie wieder fallen, nie wieder ausgeliefert sein. Alles, nur das nicht. Das ist eine sehr verbreitete Konditionierung. Aber unsere Natur ist es, völlig ausgeliefert zu sein. Das ist das, wonach wir uns sehnen. Und davor laufen wir weg.

Ich bin zum Beispiel von Natur aus unsicher konditioniert. Wenn ich hier vorn sitze, bin ich unsicher.

Der Verstand denkt natürlich: Ich bin unsicher, aber wenn ich erwache, dann ändert sich alles. Vergeßt es!

Das Selbst ist sich seiner sicher. Das andere sind Erscheinungen, Konditionierungen. Die Unsicherheit hat nichts mit der Person zu tun. Es ist keine *persönliche* Unsicherheit. Es ist Nacktheit, unsere Natur. Wir sind verletzlich, permanent. Deshalb ist alles schon in mir.

Die *Abwesenheit* von einem Ich ist Ausgeliefertsein. Da ist nicht die Möglichkeit zu sagen: Das möchte ich, das möchte ich nicht. Dieses Gefühl lasse ich in den Raum, jenes nicht.

Man könnte sagen: Überall wo Ich ist, kann Gott nicht sein. Das, was ich draußen halte, auch wenn es noch so schrecklich scheint, ist Gott.

ॐ

**F.** Löst sich bei deiner Betrachtungsweise nicht alles in Beliebigkeit auf? Wird man nicht wie losgelöst vom normalen Leben?

**K.** Erst einmal ja. Deshalb sagte Nisargadatta immer: „Erkennen Sie zuerst, was Sie nicht sind, dann, was Sie sind." Zunächst erscheint es als totale Leere, zu sehen: Alle Zustände, die erscheinen, bin ich nicht. Nach einer Weile kommt alles wieder zurück, dann bist du Fülle. Es ist kein Losgelöstsein, wenn du erkennst: Ich bin nicht das, was auf der Leinwand erscheint. Obwohl erkannt wird, daß es nur auf der Leinwand erscheint, ist jedes Gefühl, zum Beispiel Traurigkeit, völlig real.

Die Motivation hinter dem Wunsch nach Erwachen ist ja bei 99 Prozent der Suchenden, hier herauszukommen, wegzukommen, anders zu sein, endlich unberührbar zu werden.

Wenn wir „endlich" erwacht sind und jemand verletzt uns, sagen wir: Oh, danke, das macht mir überhaupt nichts aus, ich bin ja nur die Leinwand. Aber Erwachen ist kein Ausgang. Es gibt keinen. Wozu auch.

Das, aus dem wir herauswollen, danach sehnen wir uns in Wahrheit, nach dem ganzen Programm: Traurigkeit, Freude. Es hat viel mit Liebe zu tun: Traurigkeit, ja, nimm mich, Freude, tanze mit mir!

Doch das, was ich eben sagte, kann nicht als Technik benutzt werden. Der Verstand könnte auf die Idee kommen: Aha, dann muß ich jetzt üben, nicht mehr einzugreifen, alles einfach kommen lassen. Aber das, worüber wir reden, ist jenseits von Eingreifen und Nicht-Eingreifen.

ॐ

**F.** Was mit Sicherheit eintritt ist, daß ich irgendwann sterbe. Ich kann nicht immerfort sagen: Ich bin, ich bin, ich bin. Nun kann ich das alles schön verdrängen ...

**K.** Kannst du nicht.

**F.** Doch. Nur der Augenblick. Ich bin jetzt. Sterben ist kein Thema für mich. Aber es nagt, wie eine Maus an einer Rübe. Es wird immer spürbarer. Ich kann nicht so tun, als wäre da nichts. Ich bin dabei, ich gehöre dazu, alles geht weiter, das wird alles abgehakt.

**K.** Wundervoll.

**F.** Aber da ist auf der Liste noch einiges unerledigt. Das möchte noch geschafft werden oder geklärt. Und dabei das Erfahren, daß es immer schwerer wird. Man kann sich natürlich Hilfe organisieren. Aber das Erkennen bleibt, daß es irgendwann ganz aus ist. Und da fällt mir das Annehmen, daß ich immer *bin*, konstant, unwandelbar, etwas schwer. Es geschieht doch ein ständiger Wandel, alles wandelt sich, auch mein Leben: Von morgens bis abends, Tag und Nacht.

**K.** Das ist das Leben: Wandel.

**F.** Ja, das ist das Leben. Nichts ist statisch.

**K.** Nein, nichts. Nichts, was hier drin existiert, ist unvergänglich. Das Haus wird irgendwann nicht mehr existieren, der Baum im Garten wird vergehen, der Flokati auf dem Boden hält nicht ewig, auch die Körper hier im Raum sind vergänglich – alles bleibt, seiner Lebensspanne entsprechend.

Und die Hoffnung, mit Erleuchtung dieses Werden und Vergehen kontrollieren zu können, etwas festzuhalten, ist vergeblich. Dieser Fluß ist das, was wir sind. Es ist nicht *dein* Leben. Du *bist* das Leben.

**F.** Ja. Aber einschlafen ist ja auch keine Lösung.

**K.** Du bist, was du bist, im Schlaf, und du bist, was du bist, wach. Es ist so natürlich und menschlich, sich ab einem bestimmten Alter Gedanken über das Sterben zu machen und darüber, was dabei geschieht. Das zu leugnen, wäre Leugnen dessen, was ist. Das, was du jedoch bist, das kann nicht sterben. Es schaut zu, wie die Person stirbt und ist dabei absolut still.

## Der Verstand macht aus allem eine Technik – doch was macht den Verstand?

Der Verstand will, daß das hier etwas Besonderes ist: Wenn man zum Satsang geht, ist man dem Wesentlichen viel näher als jemand, der Zen macht oder sich mit irgendeiner Religion beschäftigt. Aber es gibt nur Einheit, nur *ein* Wesen. Deshalb wird das hier immer DAS sein. Und es war immer DAS, als du scheinbar unwesentliche Dinge getan hast. Da ist nichts, was man festhalten kann, es ist permanent in Bewegung. Es entspringt alles spontan der Quelle. Ein Mysterium, daß sich nichts wiederholt.

ॐ

**F.** Ich glaube, es braucht eine ungeheure Bewußtheit, um das hier Gehörte nicht wieder zu vergessen.

**K.** DAS hat nichts mit Vergessen und Erinnern nichts zu tun. Es ist jenseits von Erkennen und Vergessen. Wenn es zu erkennen wäre, wäre es vergänglich. Alles, was du erkennst, vergißt du wieder. DAS drückt sich in Erkennen aus, genauso wie es sich in Vergessen ausdrückt. Jetzt ist Erkennen das, was ist. Ein paar Minuten später ist Vergessen das, was ist.

**F.** Und ich bin dann wieder voll in der Illusion.

**K.** Dann ist es das, was ist. Aber da ist niemand.

**F.** Da ist niemand, da ist niemand. Das ist wie ein Mantra, das man sich immer wieder sagen kann.

**K.** Das Gespenst verkleidet sich als Gespenst. Natürlich macht der Verstand eine Technik aus dem, was er hier hört. Bei manchen Körper-Verstand-Mechanismen wird das sofort ausprobiert: Da ist niemand, da ist niemand. Das ist auch das Eine.

ॐ

**F.** Es ist doch eigentlich nur der Verstand, der Dinge und Geschehnisse unterscheidet und bewertet.

**K.** Es ist das Eine. Da ist nichts außerhalb. Jede Bewertung ist das Eine. Keine Trennung, nur Einheit. Es gibt keinen Verstand, der „draußen" wäre. Deshalb ist der Verstand, sind Gedanken etwas Wunderschönes. Und in dieser wundervollen Einheit können die Gedanken gar nicht bestehen. Die Gedanken schon, aber nicht der Glaube, daß sie wirklich sind.

Da gibt es eine Unmenge Gedanken, und einer davon heißt „Ich". Er ist irgendwann einmal mutiert und meint, er wäre getrennt. Aber wer sollte da getrennt sein? Das ist Wahnsinn. Der Gedanke „Ich" ist das gleiche wie der Gedanke „Schrank". Da ist nichts getrennt. Oder kann mir jemand den Gedanken „Ich" geben?

Deshalb ist dieses sogenannte Erwachen ganz simpel und völlig frei zugänglich. Es ist unsere Natur. Jede Technik und jeder Weg dorthin unterstützt nur die Idee, es gäbe jemanden, der *das* erreichen kann, aus dem er erscheint. Wenn es in diesem Traum so aussieht, als würde man hier im Satsang näher herankommen, ist das einzige, was erkannt wird, daß es kein „näher" gibt.

So wichtig sind wir nicht, daß der Ich-Gedanke es möglich machen könnte, daß Gott nicht mehr da ist. Nichts anderes ist die Idee von: Ich habe es verloren, es ist nicht da, ich sehe es nicht. Als bräuchte Gott eine Bestätigung.

ॐ

**F.** Warum sagst du immer, der Verstand könne nicht verstehen? Ich glaube, man kann es sehr wohl verstehen.

**K.** Der Verstand vielleicht ja. Verstehen geschieht, aber da ist kein Verstehender. Dieses Ich darin wird es nie verstehen. Deshalb sagt man, Erwachen, Erleuchtung ist das letzte Ereignis, das der Verstand noch mitbekommt. Er bekommt noch mit, wie sich das alles auflöst, bei einer Programmierung schnell, mit einem Mal, bei einer anderen Programmierung Stück für Stück. Aber da ist niemand, dem es geschieht. Es ist ein unpersönlicher Prozeß. Die Quelle, die einen Prozeß lebt, aber niemand, der ihn macht. Da ist niemand darin.

ॐ

**F.** Wenn irgend etwas in mir meint „verstanden" zu haben, ist da die Neigung, es zu konservieren, zu speichern, um es später anzuwenden. Denn ich kenne mich: In ein paar Tagen sause ich wieder in der Stadt herum, ziemlich unbewußt, alles vergessen.

**K.** Irgend etwas in dir! Dieses „Irgend etwas“ ist eine Erscheinung in DEM. Die Gedanken, die Idee, es greifen zu wollen, das Sitzen, die Mücke, die dich vielleicht nervt – das ist es. Das allergrößte Nerven ist es auch, und das „durch die Stadt rennen“ ebenso. Es wird immer DAS sein. Glückseligkeit und Frust wechseln, keinerlei Botschaft. Verstehen und Nichtverstehen wechseln. Du willst scheinbar einen Zustand festhalten, und dieser scheinbare Vorgang ist das Eine. Das ist es schon.

Manchmal ist da die Idee, du hättest es. Das ist das Eine, genauso wie die Idee, es nicht zu haben. Es wird in dem jeweiligen Moment immer das sein, was geschieht. Und das ist so absolut nüchtern und nicht objektivierbar. Da ist der Verstand natürlich frustriert.

**F.** Immer wieder erscheint der Wunsch, etwas zu stabilisieren, zu ebnen, Stufen aufzubauen.

**K.** Du bist in allem vollkommen. Der, der stabilisieren will, wird nie irgend etwas stabilisieren. Darin gibt es keinen Ausgang. Das, was das Ganze sieht, muß nichts stabilisieren. Und es interessiert sich auch überhaupt nicht dafür, ob da jemand etwas stabilisiert oder nicht. DAS ist so bedingungslos, DAS schaut nur. Völlig liebevoll schaut es: Ah, Stabilisieren, toll. Nicht Stabilisieren, auch toll.

ॐ

**F.** Ich würde gern erfahren, ob das Wissen um diese Zusammenhänge irgendwelche Konsequenzen auf mein Verhalten hat.

**K.** Davon hast du nichts, und da gibt es nichts zu verstehen. Weil du DAS bist, und weil es jetzt schon geschieht. Deshalb ist das sogenannte Erwachen ein Witz. Weil es das ist, was du bist: Eine scheinbare Person, die scheinbar mit Entscheidungen herummacht und nicht getrennt ist von der Quelle.

**F.** Aber ändert sich dann nicht die Qualität des „Herummachens“? Daß dann Streß wegfällt? Man kümmert sich zwar, aber der Druck, es allein machen zu müssen, fällt weg.

**K.** Was wegfällt, ist die Hoffnung, daß eine Entscheidung irgend etwas anders gestalten könnte, als es jetzt schon ist. Und es kann Erkennen geschehen, daß jede Entscheidung absolut immer das ist, was jetzt ist; und daß es keine richtigen und falschen Entscheidungen gibt.

ॐ

**K.** Es gibt keine Technik. Aber hier ein kleiner Tip. Das nächste Mal, wenn sich der Vorhang öffnet, frage dich: Wer nimmt diesen Zustand der Leere jetzt wahr? In diesem Moment wirst du erkennen, daß du *vor* dem Zustand bist, *vor* der Leere. Und dieses „Davor“ ist das gleiche wie das vor einem verwirrten Zustand. Das Permanente ist das, was *davor* ist.

**F.** Eben, als du fragtest, was ist davor, da kam bei mir: Liebe. Frei und bedingungslos.

**K.** Das ist das, was du tatsächlich bist. Und niemand weiß, *was* DAS ist, *was* davor ist. Erwarte keine Antwort. Jede Antwort erscheint in der Wahrnehmung. Nur direktes Erfassen, jenseits der Worte, kann dich darüber hinausführen. Das hier ist sehr radikal, denn es nimmt jede Möglichkeit, etwas zu tun. Weil das, was wir sind, immer *vor* dem Tuenden ist.

ॐ

**F.** Sind wir nicht geboren um zu lernen, die Evolution voranzutreiben? Oder leitet und Gott? Warum gibt es Schickschalsschläge, warum hat der eine alles im Leben, und der andere bekommt nichts hin?

**K.** Wenn du einen Beruf lernen willst, mußt du lernen. Aber wie willst du lernen zu *sein*? Wir lernen schon als kleine Kinder: Wenn wir etwas essen wollen, müssen wir schreien. Im Kindergarten müssen wir uns durchboxen, um zu sein. Dann die Schule, und so weiter. Irgendwann wird erkannt: Ich schaffe es nicht. Dann fängt man vielleicht eine Therapie an. Wieder etwas tun. Die Person ändert sich etwas, aber die Sehnsucht ist immer noch nicht gestillt. Nächster Versuch: Meditation, Spiritualität. Am Ende steht dann Erwachen.

Wir können uns nicht vorstellen, daß wir bedingungslos geliebt werden, daß wir nichts zu tun brauchen. Das ist eine starke Konditionierung. Dann kommt die Idee von Wiedergeburt, dann geht das Lernen im nächsten Leben weiter.

Was ist deine Idee von Lernen?

**F.** Mich weiterzuentwickeln, um auf eine andere Ebene zu kommen. Mein Leben war bisher nicht so besonders lebenswert. Darum möchte ich vieles verändern, verstehen. Nicht nur verstehen. Und ich denke, das ist ein Lernprozeß.

**K.** Das Lernen gehört zum Verstand. Und es hat nur einen Zweck: Zu verhindern zu sein, was du bist. Der Verstand sagt immer: Mache dies oder das, dann kommst du auf eine höhere Stufe. In der Zukunft. Bist du schon einmal der Zukunft begegnet?

**F.** Nein. Es geht um *mein* Sein. Mein Da-Sein.

**K.** Der Verstand macht sofort ein Objekt aus allem: *Mein* Sein. Aber das Sein gehört uns nicht. Es ist die Abwesenheit von jeglicher Person, der etwas gehören könnte. Das, was wir sind, ist kein Objekt, keine Errungenschaft, von der man sagen könnte: Jetzt habe ich es; jetzt weiß ich, wer ich bin, nun ist alles gut.

Im Gegenteil: Es ist der Verlust von allem anderen. Und dieses Sein erscheint in allem, was existiert: Im Tisch, im Teppich und in den Körpern hier und überall. Auch in dieser Form hier (weist auf den Fragende).

Jeder Versuch, sich zu ändern, irgendwo hinzukommen, ist vergeblich. Weil Gott sich nicht irrt. Das, was dich leben läßt, ist Gott, oder Bewußtsein; die Quelle.

**F.** Aber ich verändere mich doch trotzdem. Soll mir das leid tun? Man bewegt sich, das Leben ändert sich.

**K.** Die scheinbare Person bewegt sich. Aber da ist niemand.

**F.** Aber du veränderst dich doch auch. Jeder. Du hast deine Geschichte, ich habe meine.

**K.** Wen meinst du mit „wir"? Dir hat nie eine Geschichte gehört und mir auch nicht. Wenn, dann ist es Gottes Geschichte, nicht deine. Mit *meiner* Geschichte ist sofort der Trouble da: *Meine* Geschichte, *mein* Prozeß.

Um zu sein, was du bist, brauchst du den Verstand gar nicht. Der Verstand versteht davon nichts, er ist in der Zeit. Er braucht ein Ziel, eine Vergangenheit, eine Zukunft und Geschichten. Ohne Geschichten kann er nicht existieren. Verstand ist Zeit und Raum. Das Ego.

*Sein* ist eine ganz andere Dimension. Davon versteht der Verstand nichts. Aber er will dir helfen, dorthin zu kommen. Doch das ist nicht sein Bereich. Er kann dir den Weg von A nach B auf dem Stadtplan heraussuchen, aber wie du sein kannst, was du bist, vermag er dir nicht zu vermitteln.

Der Verstand wird das, worüber hier gesprochen wird, nie verstehen. Es ist etwas ganz anderes, was hier versteht, *jenseits* der Worte. Wir können uns auch über Marmorkuchen unterhalten. Das Wesentliche wird gesagt, so oder so. Und es landet am richtigen Platz, da, wo es landen soll.

Gott sei Dank kann der Verstand Gott nicht verstehen. Das wird er nie können. Es gibt niemanden, der das versteht.

Das, was man Erwachen nennt, ist die Erkenntnis, daß es nichts zu finden gibt, daß da kein Suchender ist. Wann das geschieht, ist ein Mysterium und spielt eigentlich auch keine Rolle. Denn alles ist das Eine. Wenn du für dich herausfindest, daß es hilfreich ist, etwas zu tun: Mache es. Es ist herrlich. Aber ich kann dir versichern, daß alles, was du tust, dich nicht zu dem machen kann, was du bist. Alles was du erreichen kannst, ist vergänglich. Das, was wir sind, ist immer hier.

ॐ

**F.** Wenn ich das alles aufnehme, zum Beispiel diese Sache mit dem Verweilen im „Ich Bin“, drängt eine Frage immer wieder hoch: Was bleibt denn dann? Also: Wie soll ich denn dann leben?

Dann wieder klares Wahrnehmen: Die da so herumfragt, herumdenkt, das ist D. Dann ist Stille. Da hinein drängt sich aber bald wieder die Frage: Und jetzt?

**K.** Der Verstand wird probieren, mit dem Erfahrenen etwas zu *machen*. Der Verstand muß immer etwas tun. Das ist seine Aufgabe. Der Verstand bringt dich von A nach B. Er kann Fahrpläne lesen und berechnen, wann er losgehen muß, damit du deinen Bus erreichst. Dann offenbart sich dir hier etwas. Der Verstand meint natürlich sofort, er würde sich damit auskennen. Aber damit kennt er sich nicht aus. Er kann sich damit nicht auskennen, weil er in

DEM erscheint. Trotzdem versucht er dir zu zeigen, was du mit DEM machen kannst. Schließlich möchte er mitreden. Und die Kontrolle behalten.

Dein Leben lang befaßt du dich mit Dingen, die für den Verstand nachvollziehbar sind. Auf einmal kommt er nicht mehr mit. Da wird er eifersüchtig, will alles tun, damit du dort nicht bleibst. Deshalb geschieht es nach den Satsangs oder Intensives häufig, daß alles hochgefahren wird: Gedanken, Gefühle, der ganze Lärm. Damit du nur nicht in DEM bleibst.

Genau dieses „Dableiben“ ist das Verweilen im „Ich Bin“. Und wenn es geschehen soll, wird sich auch das Verweilen im „Ich Bin“ als unwirklich erweisen. Dafür kann nichts getan werden. Doch das einzige „Kapital“ in dem Spiel ist das Verweilen im „Ich Bin“. Das ist so typisch für den Verstand: Und jetzt? Was soll ich nun damit machen, daß ich im „Ich Bin“ verweile? Ich muß doch irgend etwas *machen*! Es kann doch nicht sein, daß ich einfach nur *bin*.

## Hingabe, die sich selbst hingibt

Der Weg der Hingabe und der Weg des Verstehens – das in Wahrheit ein Nicht-Verstehen ist – sind das Gleiche. Sie münden dort, wo es keinen Weg mehr gibt.
Der, der Gott an erste Stelle setzt, den gibt es nicht. Da ist nur Gott. „Dein Wille geschehe" ist für manche Körper-Verstand-Mechanismen die Einladung, erst zehn Prozent zu vertrauen, dann werden es fünfzehn Prozent. Immer mehr Vertrauen, *etwas* vertraut. Irgendwann sind es 100 Prozent, dann ist das, *was* vertraut, zu dem geworden, *dem* es vertraut. Dann ist es Eins. Die Person hat sich in der Hingabe aufgelöst. Für einige ist das die Einladung, Bhakti.

ॐ

Wenn ich aber ein Bild von mir habe, ein Konzept, dann kann ich nicht erforschen, dann ist da schon etwas Festes, Unverrückbares.
Was wir tun können, ist: Das Fenster öffnen. Ob die Sonne hinein scheint, das liegt nicht in unserer Hand. Diese Haltung erfordert Aufrichtigkeit, Mut und Hingabe. Es hat etwas mit Nacktsein zu tun, mit dem, was wir in Wahrheit sind. Es ist unsere Natur, kein Bild von uns zu haben. Wir sind *nichts*. Wir stehen nirgends, wir gehen keinen Weg, wir kommen von nirgends, wir gehen nirgendwo hin.

Wir sehnen uns danach, nackt zu sein. Bilder engen uns ein, sie zwingen uns, uns zu verteidigen. Besonders spirituelle Bilder haben es in sich: Sie fühlen sich schützend an, aber sie engen ein.

ॐ

Solange es jemanden gibt, der sucht, hat es sowieso nichts mit Hingabe zu tun. Dann ist es Dealen. Diese Hingabe ist etwas Unausweichliches. Eine Weichheit, die meist sehr „unangenehm" ist. Das advaitische Konzept ist sehr verführerisch, um sich zurückzuziehen; hinter diese Klarheit, die aus der Aussage „da ist niemand" spricht. Aber das ist nur der Anfang. Es gibt kein Ankommen.

ॐ

Hingabe ist, daß ich nie weiß, wo ich bin. Daß ich DAS nie werde erklären können. Immer, wenn du glaubst, du wüßtest, wo du bist, was du tust und zu welchem Zweck, hat es mit Hingabe nichts zu tun. Die Hingabe ist eine Hingabe an diese Unerklärbarkeit. Dieses Mysterium könnte man auch Liebe nennen, oder Fluß.

ॐ

**F.** Kann ich es denn beeinflussen, daß ich mich jeden Tag hingebe, mir immer wieder bewußt machen, worin Hingabe eigentlich besteht? Wer ist denn *da*, der sich das bewußt macht?

**K.** Bewußtsein spricht mit Bewußtsein. Es ist niemand aufgefordert, sich hinzugeben. Das ist unmöglich. Wer sollte das sein, der sich hingibt? Die Hingabe, von der ich spreche, ist *jenseits* der Person. Wenn sich eine Person hingibt, ist es immer ein Handel.

**F.** Wovon hast du *dann* gesprochen? Was du sagtest, klang schon danach, daß ich mich in Hingabe üben könnte.

**K.** Ich habe von dem gesprochen, was du *bist*. Deine Natur ist Hingabe. Das Selbst, das sich *selbst* hingibt. Bewußtsein, das sich *selbst* erforscht. In dem Moment, wo erkannt wird, daß es keine Person gibt, geschieht direktes Erfassen. Und dieses Erfassen mündet in eine Hingabe. Das gehört zusammen. Das Verstehen und die Hingabe sind Eins. Und solange da nur ein Verstehen ist, ohne Hingabe, wird immer die Liebe draußen bleiben. Wenn dich das nicht anspricht oder erreicht, kann man nichts machen.

**F.** Er hat mich ja angesprochen. Aber habe ich darauf Einfluß, ob ich da hinkomme?

**K.** Aber wo willst du denn *hinkommen*?

**F.** Na dahin, mich hinzugeben. Meinen Eigenwillen loslassen.

**K.** Was für einen Eigenwillen?

**F.** Meinen Egoismus. Also: „Dein Wille geschehe, und nicht meiner."

**K.** Es heißt: *Dein* Wille geschehe. Von *meinem* Willen – oder Eigenwillen – ist gar keine Rede. Das ist auch nicht möglich, denn da ist niemand. Du hast keinen Willen. Es ist die Quelle, die sich selbst hingibt, sich selbst erforscht.

ॐ

**F.** Ich denke, wenn man sich die Begrifflichkeit näher anschaut, dann könnte man zu dem Schluß kommen ...

**K.** Was sollen wir über Hingabe diskutieren oder Begrifflichkeiten klären? Das bringt uns nicht weiter. Nicht, um irgendwo hinzukommen. Hingabe hat etwas mit Demut zu tun. Da ist niemand, der das *machen* kann: Hingabe. Das ist das Erkennen: *Ich kann das nicht*. Ich habe alles probiert, Erleuchtung zu finden, ich habe mich auf den Kopf gestellt, bin zu tausend Lehrern gegangen, habe diese Droge genommen, habe jene Therapie gemacht; ich habe gedacht, ich hätte es, ich habe es besser gewußt. Wenn das alles abgehakt wurde, dann geschieht: *Ich weiß den Weg nicht, überhaupt nicht*. Und in dem Moment *weißt* du, was Hingabe ist. Wie willst du das „machen" oder definieren?

**F.** Für mich ist Hingabe, daß ich alles aufgeben muß. Und daß ich nichts machen kann. Man will zwar gern machen, aber irgendwann kommt man an einen Punkt, wo nichts mehr geht. Für mich geschah Hingabe immer aus einer sehr verzweifelten Situation. Es war eher ein verzweifeltes Aufgeben.

**F.** P. sagt, Hingabe käme aus Verzweiflung. Hingabe kommt doch aus der Liebe heraus.

**K.** Es ist immer beides. Aus der Sicht der Person ist es Verzweiflung. Und aus der Sicht des Seins – obwohl es natürlich keine „Sicht" gibt – ist es Liebe.

ॐ

**K.** Es ist fast beschämend zu sehen, wie man je so größenwahnsinnig sein konnte, wissen zu wollen, was Gott ist. Irgendwo auf dem Planeten Erde, im hintersten Winkel der Milchstraße, sitzt in einer Stadt eine popelige Person, die wissen möchte, was Gott ist. Verrückt. Sobald sich eine Ahnung einstellt von der Vollkommenheit und Schönheit der Existenz, kann man nur noch demütig zurücktreten. In einem solchen Moment wird auch klar, daß man Gott, das Sein, nie wird verstehen können.

Der Wunsch zu verstehen und „nach Hause“ zu kommen, das ist die Bindung. Damit bist du im Film. „Der Weise verweilt vor dem Wunsch nach Erleuchtung“ (Nisargadatta), vor dem Wunsch, wissen zu wollen, wie die Existenz funktioniert. Auch wenn du wissen könntest, wie DAS funktioniert, wenn du der Herrscher über alle Planeten wärst: Deine Sehnsucht wäre nicht gestillt. Du würdest dann erfahren wollen, wie das nächste Universum funktioniert. Da gibt es keine Sättigung. Das ist auch das Wesen von Sucht. Ich ist Sucht. Wir sind alle süchtig. Die letzte Sucht ist die Sucht nach sich selbst, die Sehnsucht, nach Hause zu kommen.

Papaji hat immer gesagt: „Sei still.“ Damit ist gemeint: Bleibe *vor* dem Wunsch nach Erleuchtung, lasse ihn gar nicht erst aufsteigen. Das kannst du natürlich nicht *machen*.

**F.** Man kann es ja auch nicht beenden. Wenn ich das könnte, würde ich sagen: So, jetzt höre ich auf mit der Sucherei, ich will das nicht mehr.

**K.** Da streng’ dich mal richtig an. (Lachen) Höre das einfach, und dann genieße dein Leben. Tue, was zu tun ist, lasse, was gelassen werden will. Du suchst, wenn du suchst. Und wenn nicht, dann nicht. Wo Gott dich hinführt, da gehst du hin.

*Erwarte keine Antwort.*
*Jede Antwort erscheint in der Wahrnehmung.*

## Wenn es nichts zu tun gibt, gibt es „dich“ nicht mehr

Es gibt noch ein schönes Bild zur Selbst-Erkenntnis. Jemand, der durch das Haus läuft und meint, er hätte seine Kette verloren. Er läuft herum, schaut überall nach, in Schubladen, Fächern. Eine Schublade heißt Geld, eine andere Beziehungen, eine dritte Therapie, irgendeine Schublade auch Satsang. Dann kommt jemand – das kann ein Baum, eine Person, ein Buch sein – und sagt: Was suchst du nur, die Kette trägst du doch um den Hals. Der Suchende freut sich: Sie war ja nie weg.

Und dann ist man arbeitslos: Nicht in dem Sinn, daß Tun nicht mehr geschieht. Aber es gibt nichts zu suchen, nichts zu erreichen. Und das Ich sagt: Das kann so nicht sein. Ich werde weitersuchen. Wenn es Buddha oder Jesus nicht gefunden haben, ich werde er erste sein. Ich werde es Gott beweisen.

Deshalb kann das hier im Satsang einen wahnsinnigen Widerstand auslösen. Denn alles, was vermieden werden soll, ist diese Arbeitslosigkeit. Wenn es nichts zu tun gibt, gibt es kein Ich ...

ॐ

**F.** Ist es nicht auch eine Übung, dazusitzen und zu sagen: Es gibt nichts zu tun und nichts zu erreichen, niemand zu sein. Kann das nicht auch eine Übung sein?

**K.** Klar. Der Verstand macht sofort eine Übung daraus: Ich bin nicht das Glas, ich bin nicht das Glas. Das was du tust, wird auch wahrgenommen. Das Tun lebt von der Wahrnehmung. Deshalb ist jeder Versuch der Person, herauszukommen oder sich für die Erleuchtung zu öffnen, zum Scheitern verurteilt. Du kannst üben und üben. Das was du bist, ist vor dem Konstrukt „Üben“ oder „Nicht-Üben“.

Das ist ein Grund dafür, daß dieser Weg nicht sehr attraktiv ist für viele. Weil die meisten es lieben, doch etwas zu tun in diesem Film. Deshalb hat Erwachen nichts mit der Person zu tun. Das, was wahrnimmt, ist Nichts. Dann ist es auch völlig egal, was die Person tut. Du läßt sie automatisch hinter dir. Die Programmierung läuft, und es ist egal. Damit fallen Schuld weg und Stolz. Wobei Schuld und Stolz auch weiterhin erscheinen. Es ist nichts ausgeschlossen. Das wäre bedingte Liebe, die etwas ausschließt: Ich bin nur da, wenn kein Stolz mehr erscheint.

**F.** Dieses Tun und Nicht-Tun kann einen zerreißen.

**K.** Deshalb bist du jenseits von Tun und Nicht-Tun. Dieses Zweifeln und Zerrissensein zwischen zwei Dingen kann es nur in der Dualität geben. Verrückt: Eins ver-rückt sich zum anderen. Das gibt es nur in der Dualität. Sie ist absolut herrlich, man kann sie nicht loswerden. Aber das, was die eine Seite der Verzweiflung wahrnimmt, ist das gleiche, was deren andere Seite wahrnimmt.

ॐ

Wo sich das Ich gern breitmacht, wenn es ihm an den Kragen geht, das ist im Sehen, im Wahrnehmen. Das ist das letzte Objekt. *Ich* habe erkannt, daß *ich* das Außen nicht bin. Dann kommt: Ah, also bin ich das Subjekt, die Wahrnehmung. Aber auch in der Wahrnehmung ist niemand. Deshalb geht es vom Beobachten zum Wahrnehmen, vom Wahrnehmen zum Gewahrsein, vom Gewahrsein zum Absoluten. DAS holt sich zurück.

Zunächst aber scheint das Sehen etwas Persönliches zu sein. Eine Gewohnheit. Weil das Ich Angst bekommt. Die Fragen beginnen mit: Wer bin ich? – die Wahrnehmung; daraus wird: Wer nimmt wahr? – das Gewahrsein. Natürlich sind wir nicht die Wahrnehmung. Weil wir *vor* jeder Wahrnehmung sind.

Um das Leben in seiner Unsicherheit kontrollieren zu können, wollen wir erwachen. Um endlich damit umgehen zu können. Aber es ist genau umgekehrt. Unsicherheit ist das, was wir sind. Wenn da Entspannung geschieht, fehlt nichts. Dann sind diese Angst und Unsicherheit genau das, was ich gesucht habe: Das Eine. Sie sagt: Laß' mich herein, ich bin du. Warum willst du mich loswerden? Oder die Liebe fragt: Warum hältst du mich fest. Ich möchte frei sein.

Was wir hier sitzen sehen, das ist ein Bild. Das Bild von momentanen Personen. Aber diese Personen sind in permanenter Veränderung. Du hast es ständig mit einem Bild zu tun. Und dieses Bild möchte erwachen.

ॐ

**F.** Deine Worte „alles ist gut" klingen zwar wie eine Floskel, aber es tut trotzdem gut, sie zu hören.

**K.** Wenn du nur das Ausmaß erkennen würdest! Die Worte: Alles ist gut, beinhalten, daß es niemals nicht gut sein könnte. Sie beziehen sich nicht auf ein Gegenteil, auf ein „jetzt ist es nicht gut".

**F.** Ja. Das sind die Konzepte, die man sich so schön zurechtgelegt hat. Und dann steht man vor der Unwissenheit.

**K.** Vor der Unwissenheit steht *niemand.* Unwissenheit ist die *Auslöschung* von jemandem, der dort stehen könnte. Wissen kann es nur mit einem Ich geben. DAS, was wir sind, ist absolut unwissend. Und in dieser absoluten Unwissenheit hat P. gar keine Chance.

**F.** Wenn man versucht, etwas einzuordnen oder sich eine Position zu schaffen, dann gerät man oft unter Druck.

**K.** Darauf bezieht sich die Aussage: Alles ist gut. In der größten Anspannung ist alles gut. Dieses Gutsein ist nicht bedingt durch die Abwesenheit von Anspannung. Es kann nie nicht alles gut sein. Auch wenn es völlig daneben ist und völlig ungut, ist es gut. Jede Unvollkommenheit entspringt der Vollkommenheit. Alles ist gut: Dieser Tisch, die Gefühle, die Gedanken, die Körper, die hier sitzen. Absolut perfekt.

**F.** Es ist aber nicht falsch, nach einem Platz zu suchen, an dem es einem gut geht?

**K.** Nein. Das ist strengstens verboten. (Lacht) Du hast ja gehört: Es geht immer weiter.

**F.** Ich empfinde schon einen Unterschied zu vorher, wenn ich hier sitze und dir zuhöre. Ich fühle mich jetzt sehr entspannt und leicht. Da ist ein Gefühl: Alles ist in Ordnung. Zugleich frage ich mich: Warum kann es nicht immer so sein? Warum bekomme ich es nicht hin, immer so entspannt zu sein, wenn es doch so einfach ist?

**K.** Wenn du die Anspannung nicht gefühlt hättest, könntest du das Entspanntsein jetzt gar nicht genießen. Und du kannst es nicht „hinbekommen". Wenn Gott es so will, dann bist du entspannt. Wenn nicht, dann nicht.

ॐ

Es gibt nur ein Schicksal, ein einziges großes Schicksal. Das ist der Ich-Gedanke.

Zeit und Raum kann es nur mit dem Verstand geben und mit einem Ich. Ohne Zeit und Raum kein Ich. Das Ego kann ohne Zeit und Raum nicht existieren. Deshalb ist es im Tiefschlaf nicht da.

Bist du jemals deiner Zukunft begegnet oder deiner Vergangenheit? Sie haben nur in deiner Vorstellung stattgefunden.

ॐ

**F.** Du sagst oft: Egal wo wir sind, was da ist, es ist immer etwas anwesend, was sich nie ändert. Können wir dieses Etwas wahrnehmen?

**K.** Nein. Du *wirst* wahrgenommen. Und das ist der Haken bei diesem sogenannten Erwachen. *Ich* möchte wahrnehmen. Du bist das Objekt. Deshalb kann das Objekt nie erwachen.

## Du bist permanent im freien Fall – Widerstand zwecklos

Es gibt immer wieder Leute, die sagen, wenn eine gewisse Präsenz oder Stille entsteht: Du bist DAS. Papaji sagte das einige Male, und es wurde daraus ein Konzept. Seitdem hört man immer wieder: Du bist DAS. Sofort entsteht die Idee von einem Objekt. Aber das, was wir sind, ist nicht greifbar. Es ist *davor.* Keiner weiß, was das ist. Auch ist sich keiner dessen gewahr. Deshalb sagte Ramana: Es genügt, einmal zu fragen „wer bin ich", und auf die Antwort zu warten. Das Warten ist schon das, was du suchst.

Nisargadatta sagte: „Sie werden nie wissen was Sie sind, nur was Sie nicht sind." Alle Zustände – Schlaf, Wachsein, Traum, Tiefschlaf – wechseln einander ab. Aber was bleibt?

Ich liebe auch Nisargadattas Aussage: „Das Nichts ist mein Zuhause." Ich bin heimatlos. Permanent im Fallen. Doch du fällst immer *vor* die Vergänglichkeit. Immer davor. Vor die erste Erscheinung. Kein Ankommen.

ॐ

**F.** Einerseits ist DAS begreifbar, andererseits ist es ein Mysterium. Eine sehr unsichere Sache.

**K.** Da wären wir wieder bei der Unsicherheit. DAS ist eine *verdammt* unsichere Sache. Schließe einmal kurz deine Augen und lasse die Wahrnehmung völlig frei. Vom Gedanken zum Gefühl, vom Gefühl zum Vogel, vom Vogel zum Baum, vom Baum zur Decke, von der Decke zum Mikrofon, vom Mikrofon zum Herzen, vom Herzen zur Decke. Da jede Wahrnehmung einzigartig ist, huscht *vor* der Wahrnehmung soviel Einzigartigkeit vorbei, daß sie permanent springt. Bewegung. Diese Wahrnehmung, beschreibe sie einmal!

**F.** Ein ziemlich großer Raum, unbewegt.

**K.** Da ist meistens eine Idee, daß „ich" wahrnehme, daß es *meine* Bewegung ist, die da geschieht. Aber es ist völlig unpersönlich. Es ist die gleiche Wahrnehmung, dort (weist zu den anderen Personen im Raum) wie hier (weist auf sich). Exakt das gleiche. Die gleiche Wahrnehmung, die Berlin wahrnimmt. Deshalb ist niemand hierhergekommen (an den Stadtrand von Berlin). Und der Moment, wo die Idee wegfällt: *Ich* bin die Wahrnehmung, das ist *meine* Wahrnehmung, den nennt man Erwachen. Und es ist nichts Besonderes, weil es hier ist.

**F.** Also sollte man aufhören, verstehen zu wollen und aufhören zu fragen!

**K.** P. hatte mal ein schönes Bild. Er sagte: Ich gebe jetzt auf, ich liege wie ein Käfer auf dem Rücken im Sand, die Beine nach oben. Wunderbar, nicht? Wir sind alle Käfer im Sand. Aber es ist unmöglich, das Ich loszuwerden. DAS, was sieht, wie du versuchtest und versuchst, dein Ich loszuwerden, hatte damit nie ein Problem.

ॐ

**F.** Du sagtest, irgendwann wird man alles verlieren. Davor fühle ich manchmal Angst. Es kommen auch Gedanken an den Tod, da ist auch Angst *davor.*

**K.** Es geht hier um Sterben. Das hier ist die Sterbestation (Lachen). Es ist dieser Moment auf dem Sterbebett, wo du erkennst: Alles ist vergänglich. Deshalb sind Krankheiten manchmal wundervoll. Durch sie erkennt man, daß alles vergänglich ist.

**F.** Bei der Angst vor dem Tod dominiert oft die Angst vor dem Schmerz. Viele haben einfach Angst davor, daß es wehtun könnte. Sie fürchten sich vor dem Leiden, nicht vor dem Sterben an sich.

**K.** Das *ist* die Angst vor dem Tod. Alle, die sagen, sie hätten keine Angst vor dem Tod, nur vor dem Leiden, sagen im Grunde: Lieber leiden als *gar nicht* existieren. Lieber Leiden als Nichts sein. Das eigentliche Sterben ist der Moment, wo nichts mehr ist, kein Leid, keine Freude. Das ist der wirkliche Tod: Das Ich stirbt.

**F.** Viele haben auch eine unbewußte Sehnsucht danach, daß dieses Hin und Her endlich zu Ende ist.

**K.** Ja. Was meinst du, warum wir hier sitzen.

**F.** Ich meine auch solche Menschen, die bewußt ihren Körper ruinieren.

**K.** Dahinter steht die gleiche Sehnsucht, die Sehnsucht, Nichts zu werden. Jeder Schritt, den irgendein scheinbares Ich tut, dient letztlich dazu, Nichts zu werden. Und für jeden gibt es eine ganz individuelle Einladung, aus diesem Nicht-Traum zu erwachen. Deshalb kann nie jemand sagen: Das hat bei mir *so* stattgefunden, und es auf andere übertragen. Milliarden von individuellen Einladungen.

Jedes Verliebtsein, jedesmal, wenn wir sagen: Ich liebe dich, steht für die Sehnsucht, endlich vollkommen zu sein. Hinter jedem Wunsch steht letztlich der Wunsch, sich selbst zu erkennen. Und das Wunderbare an diesen Einladungen ist, daß sich niemand verfehlen kann.

**F.** Ab einem bestimmten Alter hört auch der Ehrgeiz auf, etwas in der Welt aufzubauen.

**K.** Ich glaube nicht, daß das mit dem Alter zu tun hat. Dieser Ehrgeiz markiert die Bindung an die Welt der Dualität. Aber es ist schön, wenn du fragst: Was bleibt übrig. Was ist deine Antwort?

**F.** Einfaches Sein bleibt.

**K.** Wundervoll. Ohne Ziel gibt es uns nicht mehr. Das vermeidet der Verstand. Das ist so ankonditioniert. Deshalb macht der Verstand sogar aus dem hier noch etwas. Sogar aus dem Sein wird noch etwas gemacht – aus dem Nichts. Aber es geht nirgendwo hin. Es gibt kein Ziel. Das hier ist zeitlos.

Kannst du dir vorstellen, daß es irgendwann nicht mehr DAS ist?

ॐ

**F.** Ich habe es immer so angenommen: Wenn ich aus dieser ganzen Turbulenz des Ego draußen bin, dann bin ich im Sein. Jetzt verstehe ich, daß es auch nur ein geborgener Hort des Egos ist zu sagen: Jetzt bin *ich* im Sein, oder *ich* bin Sein.

**K.** Wunderbar. Genau hier setzt dieser Satsang an. Das hört sich vielleicht arrogant an, als sei dies hier fortgeschrittener. In diesem Spiel wird vorausgesetzt, daß die Menschen, die hierherkommen, erkannt haben, daß sie nicht der Körper, die Gedanken und die Gefühle sind. Hier spricht das „Ich Bin" zum „Ich Bin", die Anwesenheit zur Anwesenheit. Dieses Sein, von dem du gerade gesprochen hast, das kannst du nicht sein. Wo ist es im Tiefschlaf?

**F.** Überlagert. Unbewußt?

**K.** Wo war dein Sein vor hundert Jahren? Wo war das Gefühl zu sein vor hundert Jahren?

**F.** Es war in diesem Zwischenreich, wo noch keine „Iche“ danach griffen. Das war der Raum, wo keine Wahrnehmung ist. Dann habe ich es genommen. Das bin ich.

**K.** Das sind alles Konzepte. Vor hundert Jahren gab es niemanden, der das definieren konnte. Und das Sein an sich ist unwirklich. Aber dadurch weißt du nicht, *was* du bist. Im Erkennen dessen, was du *nicht* bist, erfährt sich DAS als das, *was* es ist. Und es genügt, intuitiv zu erfassen, daß dieses Sein, diese Anwesenheit an sich schon die erste Erscheinung ist.

Dieses Erfassen bedeutet nicht, daß du die Anwesenheit los wirst. Es ist ein intuitives Erkennen: DAS war schon vorher. Aber *was* schon vorher war, keine Ahnung.

**F.** Es ist ja auch gar nicht zu fassen.

**K.** Es ist nicht zu fassen, aber es ist auch nicht zu leugnen. Dieses ganze Sein, dieses Verweilen in dem, was nicht kommt und geht, in dieser Liebe und Glückseligkeit, ist Irreführung. Und das soll so sein.

**F.** Warum soll das so sein?

**K.** Damit der Genuß, wenn es erkannt wird, daß es nicht so ist, um so größer ist.

**F.** Das ist schön.

**K.** Weil Bewußtsein sich selbst in die Irre führt, um es spannender zu machen, sich selbst zu erkennen. Es baut einfach ein paar Zwischenstationen ein. Und gibt vor: Ah, das ist es. Um dann zu erkennen: Das kann es ja auch nicht sein. DAS hat kein Ende.

Wie Nisargadatta sagte: Das Erkennen dessen, was du nicht bist, dauert eine Sekunde. Aber das Erforschen dessen, was du bist, ist endlos. Es gibt kein Ankommen. Du wirst immer *vor* jedem Ankommen sein. Und wenn erkannt wird, daß das, was du bist, immer *vor* allem ist, fällst du immer heraus, bist du immer der letzte.

**F.** Das irritiert, weil ich jetzt nichts mehr anzufangen weiß mit meinen so hoch geschätzten Bewußtseinszuständen.

**K.** Wunderbar. Schon der Umstand, daß du daran irritiert sein kannst, zeigt, daß du dieser Zustand nicht bist. Die Wirklichkeit wird nie zu irritieren sein.

**F.** Aber wie nehme ich dann die Wirklichkeit wahr?

**K.** Gar nicht. Die Bindung ist der Wunsch, bewußt zu werden. Du willst das mitbekommen, was du bist. Das Auge will sich selbst sehen. Entspanne dich einfach in dem intuitiven Verstehen, daß es kein Ende und kein Ankommen gibt.

## Du bist schon das, was du suchst

Es ist, als wenn ein Fisch im Meer nach Wasser sucht. Nach dem, was ihm überhaupt ermöglicht, Fisch zu sein, was ihn umgibt. Was unterscheidet den Fisch, der erkannt hat, daß er im Wasser schwimmt, von dem, der es nicht weiß? Nichts. Deshalb gibt es kein „Vorher" und „Nachher". Wasser ist Wasser.

Jeder Schritt, jede Erfahrung findet in der Einheit statt. Wir können nie getrennt sein von Gott. Es ist so simpel. Es ist unsere direkte Erfahrung. Und wenn du nicht über die Person reden mußt, dann *bist* du einfach, wie der Fisch im Wasser, der keine Spur hinterläßt.

ॐ

**F.** Du sprichst immer von der absoluten Ebene her. Im Buddhismus wurde zwischen der relativen und der absoluten Ebene unterschieden. Du sprichst nur von der absoluten Ebene aus.

**K.** Ich unterscheide nicht zwischen diesen beiden Ebenen. Aber ich sage, daß die relative Ebene in der absoluten Ebene erscheint. Trotzdem erwähne ich die relative Ebene. Aber es ist da keine Trennung. Hast du es im Buddhismus erlebt, daß es getrennt wird?

**F.** Schon. Ein Lama antwortete einmal auf die Frage, ob es das Böse gebe: Auf der absoluten Ebene nein, auf der relativen Ebene ja.

**K.** Von welcher Ebene kam die Frage?

**F.** Ich glaube, von der relativen. Das meine ich auch mit dem Verständnis. Wenn ich jemanden sehe, sage ich schon, das ist diese Person und das jene. Obwohl ich glaube zu begreifen, daß es „jemanden" absolut gesehen gar nicht gibt und mich auch nicht.

**K.** Was ist das Problem?

**F.** Daß ich manchmal, wenn du sprichst, nicht unterscheiden kann. Mein Verstand möchte das gern wissen.

**K.** Es gibt nur Einheit. Es gibt keine verschiedenen Ebenen. Das Sprechen über jemanden ist das Eine. Es gibt keine Trennung zwischen dem Relativen und dem Absoluten. Die Buddhisten sagen, es sei Mitgefühl, den Fragenden da abzuholen, wo er sich befindet. Eine relative Frage – eine relative Antwort. Nisargadatta z. B. sagt, es ist Mitgefühl, keinen abzuholen oder herumzuführen, das verschaffe Leid. Und da hat nicht einer mehr Recht als der andere.

Das Bewußtsein, das auf der Suche ist, gibt solange keine Ruhe, bis die letzte Trennung weggefallen ist. Und eine der letzten Trennungen ist „relativ und absolut". Aber es ist Eins.

In dem Moment, wo jemand scheinbar aus einer anderen Ebene geholt wird, wo sich z. B. das Böse befindet, ist sofort der Suchende da, der sich zum Guten hin bewegen möchte. Aber da ist niemand, der irgendwo abzuholen wäre. Nichts, das zu verbinden wäre. Es ist schon Eins.

Deshalb ist jeder Schritt in deiner Arbeit, den du machst, schon das Eine. Ohne Ziel. Und wenn es scheint, als würde es rund werden, so geschieht das nur im Traum. Das Eine drückt sich in jedem Moment aus.

ॐ

**F.** Wenn das alles so total einfach ist, wieso sind so wenige darauf gekommen?

**K.** Es gibt niemanden, der darauf gekommen ist. Wer sollte darauf kommen? Wie sollte jemand, den es nicht gibt, irgend etwas begreifen. Das hat eine Illusion so an sich: Es gibt sie nicht. Wie kann etwas, das es nicht gibt, etwas erkennen. Das ist unmöglich. Deshalb: Jede Technik, die sich an jemanden wendet, der etwas erreichen könnte, beschäftigt sich mit einem Phantom.

Das gibt dem Verstand natürlich etwas, wenn man sagt: Du kannst dies machen und das. Dann ist man wieder jemand und es geht weiter. Was natürlich auch vollkommen ist.

Was mußt du erkennen, um hier zu sein? Mit „hier sein" meine ich keinen Zustand, der durch irgend etwas bedingt ist. Was mußtest du tun, um hier auf deinem Hintern zu sitzen?

**F.** Irgendwann habe ich mich entschieden, hier zu sein.

**K.** Ja, hier zu sein. Doch was mußt du *erkennen*, um hier zu sein? Hier gibt es nichts. Und ich habe auch nicht den Anspruch, daß hier jemand etwas erkennt. Alles, was erkannt wird, wird auch wieder vergessen. Deshalb ist es völlig unerheblich. Jemand, der etwas erkennt, vergißt es auch wieder. Und hier ist auch keine Frage auf ein Ziel gerichtet. Man könnte sich auch über den letzten Film im Kino unterhalten.

**F.** Da könnte ich wenigstens mitreden.

**K.** Das hier spricht permanent. Es ist ein einziges Gespräch.

Probiere einmal, nicht hier zu sein. Eigentlich müßte die Frage lauten: Was kann ich tun, um *nicht* erwacht zu sein, nicht: Was kann ich tun, um zu erwachen.

ॐ

Als du ein halbes Jahr alt warst, was gab es da? Du lagst im Bettchen, hast geschrieen. In dem Moment war Schreien das, was geschah. Irgendwann kam dann der Gedanke von „ich". Die Mutter sagte zu dir: Das bin *ich*, das bist *du*. Bis dahin war der Körper für dich ein Objekt. Du redetest in der dritten Person über ihn. Er war das gleiche für dich wie das Bettchen, in dem du lagst. Dann sagten die Eltern: Hier, dieser Körper, das bist *du*.

Dieser Ich-Gedanke kommt etwa mit einem Jahr zu jedem Menschen. Mit diesem Ich-Gedanken ist es plötzlich *sein* Körper. Vorher war da einfach ein Körper, der tat etwas, trank an der Brust, lag im Bettchen. Aber es war nicht *sein* Körper.

Nun beginnt das Spiel: Ich und die Mutter, ich und die Welt, ich und das Bettchen, ich und mein Leben, ich und meine spirituelle Entwicklung.

Aber dieses Ich ist nur eine Idee, ein Gedanke. Und mit diesem Gedanken entsteht die Welt außerhalb von dir. Bevor es diesen Gedanken gab, warst du eins mit der Welt – Sein. Und dieses Sein wurde *nicht* abgelöst durch den Ich-Gedanken. Es ist immer noch hier, unverändert. Der Ich-Gedanke wurde nur hineingesetzt in das, was schon immer unverändert existierte.

ॐ

**F.** Muß ich wissen, was ich in Wirklichkeit bin, dieses Sein?

**K.** Du mußt es nicht wissen. Aber das Bewußtsein gibt solange keine Ruhe und wird solange suchen, bis es sich selbst wiedergefunden hat. Doch das hat nichts mit dir zu tun.

**F.** Ich habe das Empfinden, alles löst sich auf. Da ist überhaupt nichts mehr. Kein Körper, keine Gedanken, überhaupt nichts mehr. Da ist gerade eine große Blockade in meinem Kopf.

**K.** Die kann ich dir nicht nehmen. Absolut herrlich. Der Verstand vermeidet das, worüber hier gesprochen wird. Das ist auch in Ordnung. Das ist seine Aufgabe. Wenn ich mit dem Erwachen gar nichts zu tun habe, dann will ich das nicht mehr. Denn dieses Sehen hat mit uns überhaupt nichts zu tun.

ॐ

Das ist das Schöne: Wenn es keine Lösung gibt, gibt es kein Problem. Die Menschen suchen immer nach Lösungen, dadurch halten sie die Probleme am Leben. Weil du dir Erleuchtung als Lösung vorstellst, bist du gezwungen zu suchen.

ॐ

**F.** Bewußtsein ist Materie und Leere, beides, nicht wahr?

**K.** Das ist es.

**F.** Was ist denn dann Materie wirklich?

**K.** Der Stuhl, auf dem du sitzt.

**F.** Das ist es ja gerade nicht.

**K.** Doch. Faß' ihn mal an. Das ist es.

**F.** Aber der Stuhl ist doch in Wirklichkeit nicht fest. Das ist eine Illusion.

**K.** Egal, was es ist.

**F.** Das ist nicht egal.

**K.** Doch.

**F.** Nein. Das ist doch das ganze Problem der Dualität. Daß wir glauben, der Stuhl zum Beispiel sei ein festes Objekt. Aber es ist nur von Augenblick zu Augenblick, ständiges Zusammenfügen und Auflösen.

**K.** Faß' doch den Stuhl mal an.

**F.** Das fühlt sich fest an. Aber das ist eine Sinnestäuschung.

**K.** Und genau diese Sinnestäuschung ist das, was ist. Es geht nicht darum, sie aufzulösen.

**F.** Es geht doch darum, die Dinge so zu erkennen, wie sie wirklich sind.

**K.** Woher willst du denn wissen, wie die Dinge wirklich sind?

**F.** Ich will es erkennen. Wenn ich es erkenne, kann ich es auflösen.

**K.** Nein. Wenn du es erkennst, bist du, was du bist. Und wenn du das Erkannte wieder vergißt, bist du immer noch, was du bist.

**F.** Aber wenn ich es erkenne, auch Zustände, in die ich gerate, dann lösen sie sich auf. Ich habe dann die Möglichkeit ...

**K.** Fällt dir eigentlich auf, wie schön es hier ist?

**F.** Ja, aber ...

**K.** Dann laß' uns doch einfach dort bleiben und diese Schönheit nicht für irgendwelche Konstrukte aufgeben.

**F.** Aber es geht für mich darum, die Dinge in ihren Ursachen und Wirkungen bis zur Wurzel nach zu verfolgen, unnachgiebig, eben um sie in ihrer Illusion zu entlarven.

**K.** Wundervoll. Das scheint deine Einladung zu sein. Bewußtsein sucht in jedem anders. Unter Milliarden Menschen nicht zweimal das gleiche Gesicht. Und nicht zweimal die gleiche Art von Suche. Keine Suche und kein Erkennen werden sich genau wiederholen. Es ist einmalig, wie sich Bewußtsein hier ausdrückt. Da gibt es nichts zu vergleichen. Und überall baut Bewußtsein seine einmalige Einladung ein, sich wiederzuerkennen. Hier, bei dir, scheint die Einladung darin zu bestehen, bis zum bitteren Ende zu erforschen. Erforsche. Aber das, was erforscht, ist nicht das, was du bist.

**F.** Genau verstehe ich das noch nicht, was du sagst.

**K.** Wenn du das verstehen würdest, wärst du völlig überflüssig. In dem Erkennen: Es gibt nur Bewußtsein, ist kein Platz mehr für dich. Kein Platz mehr für jemanden, der unterscheiden kann. Deshalb gibt es keinen Weg, den du gehen kannst. Und deshalb habe ich auch kein Interesse daran, daß du wiederkommst oder etwas erkennst. Das ist völlig egal. Du bist immer das, was du bist, und es ist immer richtig und vollkommen. – Auch wenn es völlig falsch ist.

In dem Erkennen, daß alles das ist, was es ist, bist du völlig überflüssig. Damit diese Tatsache nicht gesehen werden muß, wird weitergesucht. Und das ist gut so. Es soll weitergesucht werden.

# Freier Wille existiert, aber niemand, der ihn hat oder nicht

Es gibt einen Weg, aber keinen Wandernden; Handlung, aber keinen Handelnden; Entscheidung, aber keinen Entscheidenden; Freien Willen, aber keinen, der ihn hat. Freier Wille geschieht.

Sobald das Ich denkt, es entscheidet, kommt die Frage nach der richtigen oder falschen Entscheidung.

**F.** Einerseits nehme ich wahr, daß ich Entscheidungen treffe, daß sich etwas tut und etwas ändert. Aber wenn ich genau nachschaue, ist da die Empfindung, daß jeder Moment der gleiche ist, daß sich eigentlich nichts ändert.

**K.** Es ist Eins. Deshalb gibt es das Erwachen nicht. Wenn der Arm gehoben wird: Es geschieht. Und trotzdem erscheint die Idee: *Ich* mache das. So kann das Spiel stattfinden, können Beziehungen gelebt werden usw. Und die Idee „mein Arm“ fällt nicht weg beim sogenannten Erwachen. Es wird nur als das erkannt, was es ist: Als eine Illusion.

Da ist ein freier Wille, aber nicht *deiner. Die Quelle* entscheidet sich.

**F.** Entscheidet sich die Quelle? Oder läßt die Quelle die Dinge nur geschehen?

**K.** Beides. Wenn du etwa deiner Partnerin scheinbar wehgetan hast – und oft tun wir einander weh, auch wenn es nur Illusion ist – dann hast du einen scheinbaren freien Willen, um „Entschuldigung“ zu sagen.

**F.** Insofern wird in jedem Moment etwas entschieden. Aber in jedem Moment geschieht auch etwas von selbst. Dennoch schließe ich doch in jedem Moment zahllose Dinge aus, für die ich mich nicht entscheide.

**K.** Hast du die Idee, daß du hier sitzt, als Film?

**F.** Ja.

**K.** Atmest du?

**F.** Ja.

**K.** *Machst* du das Atmen?

**F.** Nein.

**K.** Die Gedanken und Gefühle, die kommen. *Machst* du die? Entscheidest *du* dich für sie?

**F.** Nein.

**K.** Ist es *deine* Entscheidung, daß hier, in diesem Raum, alles so erscheint wie es erscheint?

**F.** Nein.

**K.** Wo ist dein Wille?

**F.** Es ist eben DAS.

**K.** Ja. Dieser scheinbare freie Wille und der nicht vorhandene freie Wille. Freier Wille erscheint genauso wie der Tisch. Wieso sollte DAS ausschließen, daß da jemand sich entscheiden kann, zur Tür hinauszugehen? Die Quelle ist die Quelle von *allem*, auch von freiem Willen. Aber da er darin erscheint, kann es kein *freier* Wille sein, er ist *eine Funktion*. Das wäre eine bedingte Liebe, die sagen würde: Du bist erst DAS, wenn du keinen freien Willen mehr hast.

Man könnte auch sagen: Du bist der Übermittler der Entscheidung. Du wartest, bis sie fällt, und dann darfst du sie ausführen. Das ganze hat schon vor-, vor-, vorher angefangen, und du bist gewissermaßen der Letzte in der Kette; der, der „Ich" sagt. Aber dieser Letzte in der Kette wird nicht wegfallen, sondern er wird als das erkannt, was er ist. Das, was wir sind, ist *vor* der Kette. Aber dadurch wird das Ende der Kette nicht wegfallen. So kann das Spiel weitergehen, was die Inder Leela nennen.

ॐ

**F.** Ich weiß im Moment nicht, ob ich mein Studium weitermachen soll, die Zeit ist fast abgelaufen. Meine Beziehung zu meiner Freundin ist auch fraglich geworden. Mein ganzes Leben scheint aus den Fugen zu geraten. Das alles passiert einfach. Ich fühle mich in die ganze Sache nicht weiter involviert. Eigentlich habe ich keine Angst. Denke: Im schlimmsten Fall lande ich auf der Straße. Manchmal habe ich das Gefühl, ich schaue meiner eigenen Soap zu. Ich bin ruhig, oft freue ich mich sogar. Dann wieder Schmerz und Verzweiflung: Wie geht es weiter? Dann denke ich: Ja, es gibt keinen freien Willen, Dinge passieren. Davon bin ich schon überzeugt.

**K.** *Wer* ist davon überzeugt?

**F.** Nicht der Betrachter. Der, der versucht, das Konzept zu rechtfertigen. Der, der sagt: Was sollte passieren. Manchmal frage ich mich, ob ich Advaita falsch verstanden habe, mich darauf ausruhe. Benutze ich vielleicht das advaitische Konzept, um mich gehen zu lassen?

**K.** Was du sagst, ist wunderschön. Genau das meinte Nisargadatta mit Aufrichtigkeit und Ernsthaftigkeit. Diese Ehrlichkeit. Da ist niemand, der etwas falsch verstehen könnte. Das ist ein Gespenst. Und wenn dieses Gespenst damit in Berührung kommt, daß es nicht existiert, spielt es alle Karten aus, um doch glaubhaft zu bleiben. Eine beliebte Karte heißt Zweifel. Aber da ist niemand, auf keiner Ebene. Und wenn das Mißbrauchen geschieht, geschieht es. Aber kein Ich.

Natürlich kann es stattfinden, daß jemand Advaita scheinbar mißbraucht. Und dann findet das schrittweise Auslöffeln der Misere, die eingebrockt wurde, auch statt. Aber das geschieht keinem.

Die Haltung: Das berührt mich alles nicht, ich beobachte nur, kennt wahrscheinlich jeder hier. Auch daran ist absolut nichts verkehrt. Sogar unter der Brücke kommt immer jemand vorbei, der dir ein Stück Brot schenkt.

Übrigens gibt es einen freien Willen. Das habe ich ganz vergessen zu sagen. Nur gehört er nicht dir. Aber er ist ein Werkzeug, um z. B. Brötchen zu kaufen, Satsangs zu organisieren oder um zu studieren.

ॐ

**F.** Wenn alles Gottes Wille ist, dann schließt dieser Wille doch auch den absoluten Widerstand ein. Der ist doch dann auch gewollt.

**K.** Absolut. Da ist keine Trennung. Der Widerstand kann nicht außerhalb von Gott stattfinden.

ॐ

Die Idee vom freien Willen ist so gefestigt und etabliert in diesem Traum. Es wäre grauenhaft, wenn es einen freien Willen gäbe. Die Existenz sorgt auf perfekte Weise für ein Gleichgewicht in allem. Alles ist im Gleichgewicht, auch wenn wir es nicht wahrnehmen können. Unsere begrenzte räumliche und zeitliche Wahrnehmung ist dazu überhaupt nicht in der Lage. Gäbe es den freien Willen tatsächlich, es herrschte ein vollkommenes Chaos.

ॐ

**K.** Das entscheidende ist nicht, was man tun könnte, sondern daß da niemand *ist*, der wählen kann. Gerade bei Krankheiten – wozu ich auch Süchte zähle – wird dies offensichtlich. Es ist nachvollziehbar, daß du dich nicht dafür entschieden hast, zum Beispiel Krebs zu bekommen. Daran kannst du erneut sehen, daß du nicht der Körper bist. Der Körper existiert unabhängig von dir und hat Krebs. Wenn es einen freien Willen gäbe, würde man sich dagegen entscheiden. Aber der Körper fragt nicht, ob er atmen soll, ob er Krebs bekommt.

Ich möchte damit keinen Freibrief ausstellen: Es ist eh alles egal, raucht, trinkt, nehmt Drogen. Aber ich sehe daran auch nichts Falsches. Für mich ist ein heruntergekommener Junkie genauso göttlich – und ungöttlich – wie irgend jemand, der es anscheinend ganz toll gebacken kriegt. Der, der es anscheinend ganz toll gebacken kriegt, hat sich nicht dafür entschieden, daß es so ist, genausowenig wie der Junkie, Junkie zu sein.

**F.** Ich dachte immer, man stolpert da so hinein.

**K.** Mit dem Ich-Gedanken stolperst du hinein. Es gibt nur eine Sucht, und die ist das Ich: Ich, Ich, Ich.

**F.** Was ist denn dann Leiden?

**K.** Eine Erfahrung. Interessant, daß immer nach Leiden gefragt wird, nicht nach Spaß zum Beispiel. Spaß kommt und geht, Leiden kommt und geht. Worüber wir hier sprechen, das ist so nahe, so absolut normal und bekannt, daß wir es nicht glauben wollen. Weil da schon immer jemand war, der gelitten hat, Spaß hatte, verliebt war. Natürlich sind wir nicht die Person, *der* das geschieht, sondern der Raum, *in dem* das geschieht.

**F.** Wenn man süchtig ist, z. B. Gras raucht, kann man sich dann nicht dafür entscheiden, aufzuhören damit? Damit man vielleicht weniger leidet?

**K.** Das schöne an der Sucht ist: Die meisten Menschen, die damit aufhören, werden sehr gläubige und spirituelle Menschen. Und es ist auch erwiesen, daß die meisten, die lange clean sind, irgendwann – platt gesagt – Kontakt zu Gott hergestellt haben. Denn Sucht bedeutet das klare Erkennen, daß du gegen deinen Willen handelst. Karim hat ja auch viele Drogen genommen. Es war ganz klar: Obwohl ich es nicht wollte, habe ich die unmöglichsten Dinge gemacht.

Aber zum Thema Sucht muß man gar nicht in die Drogenwelt gehen. Es gibt ja den Begriff der „süchtigen Gesellschaft". Ohne Ich keine Sucht. Zum Satsang gehen ist auch Sucht. Immer, wenn die Idee da ist: *Ich* kriege irgendwo etwas, was mir jetzt fehlt, bin ich süchtig. Das ist das Wesen der Sucht. Die Suche nach Vollkommenheit in der Abwesenheit. Bei bestimmten Drogen gelingt diese Abwesenheit auch für einige Zeit.

Das ist der einzige Wunsch, den wir alle haben: Uns endlich einmal los zu sein. Endlich einmal abwesend sein, wie im Tiefschlaf. Deshalb schlafen wir so gern.

**F.** Die Dynamik des Egos, etwas zu bekommen, ist doch aber immer wirksam. Daraus entsteht doch jede Bewegung.

**K.** Was meinst du hier im Satsang zu bekommen?

**F.** Das weiß ich nicht. Jedes Mal, wenn du anfängst zu sprechen, frage ich mich: Warum sitze ich eigentlich hier?

**K.** Wunderbar. Es geschieht. Und deshalb ist Satsang nichts Besonderes. Du entscheidest nichts. Du bist dieser scheinbaren Person völlig ausgeliefert.

**F.** Und der Kampf dagegen, ausgeliefert zu sein?

**K.** Das ist schon das Eine. Es gibt keine Ursache und keine Wirkung. Es ist das Eine, das kämpft, und das Eine, das scheinbar hierher geht. Es hat keine Richtung.

## Gott irrt sich nicht – alles ist jederzeit vollkommen unvollkommen

Das was wir sind, ist jenseits von Hilfe und Hilflosigkeit. Und da gibt es kein Entrinnen, kein Raus. „Endlich brauche ich keine Hilfe mehr." Es hat viel mit Dankbarkeit zu tun. Ganz einfache Dinge. Wenn du dich bedürftig fühlst und deinen Partner bittest: Nimm mich in den Arm, ohne dabei zu fürchten, das Gesicht zu verlieren. So einfach ist das. Völlig menschlich. All das, wovon wir weg wollten.

Natürlich ist klar: Das was wir sind, ist nicht die Erscheinung. Aber wir sind es *auch*. Und das kann der Verstand nicht erfassen. Hier braucht niemand Hilfe, weil Gott sich nicht irrt. Die Vollkommenheit ist so vollkommen, daß sie die absolute Unvollkommenheit mit einschließt.

Die Frage müßte eigentlich heißen: Was kann ich tun, um nicht erwacht zu sein. Wir können nie herausfallen aus Gott, aus DEM. Wenn wir völlig herausgefallen sind, sind wir immer noch drin.

Das ist eigentlich nichts Neues. Im Grunde weiß jeder im Herzen, daß es bedingungslos ist, daß wir nichts dafür tun müssen.
In dem Moment, wo alles hier sein kann, alles, inklusive Abwehr oder Annahme, gibt es dich nicht mehr. Dann gibt es nur noch Gott. Und der fragt uns nicht, was wir wollen oder nicht wollen. Jesus wurde am Kreuz auch nicht gefragt: Hast du heute vielleicht etwas Besseres zu tun?

In dieser scheinbaren Zeit ist das so offensichtlich. Es ist so nahe. Auch dieses ganze Gurugehabe und die ganzen spirituellen Konzepte über Erwachen und Erleuchtung wackeln. Keine Prüfungen mehr und keine Techniken mehr. Es ist so offensichtlich.

ॐ

**F.** Du machst es dir sehr einfach mit dem, was du sagst. Du meinst also wirklich, daß niemand etwas braucht, hier in diesem Raum, in diesem Land. Das ist doch nicht so.

**K.** Die Betonung liegt auf *niemand*. Das bedeutet nicht, daß Brauchen nicht erscheint. Die Quelle, die braucht. Aber da ist niemand, kein Ich, das braucht. Es ist nicht möglich, Ordnung in die Welt zu bringen. Es wird soviel Zeit darauf verwendet, Ordnung in die Dualität zu bringen: Ich helfe Gott, ich weiß es besser. Es müßte anders sein.

Ich habe mich früher sehr stark für Tiere eingesetzt. Ich hatte die Idee, da würde etwas nicht stimmen, ich wüßte es besser als die Existenz. Aber Gott irrt sich nicht, es ist alles vollkommen, wie es ist. Das bedeutet nicht, daß man losgelöst wird und kein Mitgefühl mehr empfindet. Im Gegenteil: Es entsteht eine ganz andere Art von Mitgefühl.

ॐ

**F.** Gerade habe ich von der Lehrerin meines Sohnes einen Brief bekommen, ich sollte auf meinen Sohn einwirken. Ich muß also etwas machen, daß mein Sohn irgendwann ein „vernünftiges“ Mitglied dieser Gesellschaft wird.

**K.** Wieso mußt du etwas machen? Vielleicht wird er ein völlig unproduktives Mitglied der Gesellschaft. Ich bin kein Experte für Erziehungsfragen, aber: Das einzige, was du tun kannst, ist hier zu sein. Du kannst deinem Sohn etwas jenseits der Worte vermitteln. Aber wie er sich entwickeln wird? Was meinst du, wieviel Ängste deine Eltern mit dir durchgestanden haben. So geht es wohl allen Eltern.

Wir wissen nicht, was aus unseren Kindern wird. Und wir haben keine Kontrolle. Wir haben zwar Bilder, wie wir sie gern hätten. Aber das einzige, was du scheinbar machen kannst, ist zu lieben, bedingungslos. Das heißt, zu lieben, egal was aus ihnen wird.

**F.** Ja, aber manchmal fällt es nicht so leicht, bedingungslos zu lieben. Ich versuche es, aber …

**K.** Das tust du. Dir bleibt nichts anderes übrig. Du zeigst alles, was deine Form zeigen kann. Und sogar das, was jenseits davon ist. Absolut authentisch. Und den Rest macht Gott. *Natürlich macht Gott alles. Es gibt nur die Quelle.* Aber ich sage jetzt zu Dir: Den Rest macht Gott. Wir können unsere Arbeit tun. Aber den Rest macht Gott.

Wir wissen nicht, was eine schiefe Bahn ist. Natürlich ist es in dem Traum schöner, ein Kind zu haben, das alles gut hinbekommt und seinen Weg macht. Das ist so, wie wir es gern hätten. Du kannst nicht mehr Mutter sein, als du bist. Nichts könnte anders sein.

Es kann sein, daß diese Aussage Traurigkeit macht oder ein Gefühl von Ausweglosigkeit, Hoffnungslosigkeit. Was heißt Hoffnungslosigkeit? Es heißt, einfach hier zu sein und nicht wegzulaufen vor dem, was sich zeigt.

ॐ

**F.** Du hast gesagt, das Baby, der Vogel, die Wand existieren einfach. Darauf habe ich keinen Einfluß. Natur, oder ein Baby, das ist unschuldig. Aber später, da erscheinen mir viele Menschen fehlgeleitet. Sie zerstören Leben, führen Kriege. Da wäre doch etwas zu verbessern! Daß Gedanken wieder umzulenken wären, damit nicht mehr soviel Leid geschieht. Jeder normale Mensch würde sagen: Das kann doch nicht gottgewollt sein.

**K.** Aber wir sind hier keine normalen Menschen. (Lachen)

Wenn es nicht gottgewollt wäre, würde es nicht passieren. Nichts kann außerhalb des Bewußtseins geschehen, ob man es jetzt Gott nennt oder Sein. Alles entspringt DEM. Und da kann nie etwas falsch sein. Und es kann geschehen in dem Traum, daß sich jemand scheinbar für Mitgefühl entscheidet und dafür, die Welt zu verbessern. Aber da ist niemand, der das macht. Das ist das Eine, das durch jemanden die Welt verbessert, durch einen Körper-Verstand. Aber da ist niemand, der das macht.

Diese Frage kann nur mit der Idee des Ich kommen: Ich kann hier etwas machen. Ich helfe Gott, die Welt zu verbessern. Gott hat sich geirrt, ich weiß es besser. Gemeinsam machen wir das.

**F.** Aber genau diese Idee ist da: Gott arbeitet durch mich, ich bin nur das Werkzeug dafür, der Kanal für den Willen Gottes.

**K.** Es gibt keinen Kanal. Da ist niemand, durch den das geschieht. Das ist das Eine. Es gibt nicht den Körper-Verstand *und* die Einheit, und die Einheit arbeitet nicht durch den Körper-Verstand: Es ist bereits Eins. Und es verändert nichts, ob da eine Weltverbesserung geschieht oder keine. Das ist kein Widerspruch.

Das Ego liebt die Vorstellung, der Kanal zu sein: *Ich* bin der Kanal, der Diener Gottes. Durch *mich* wirkt Gott, durch dich noch nicht. Aber *ich* zeige dir, wie man da hinkommt.

ॐ

Wenn du nicht vollkommen richtig wärst, wärst du nicht hier. DAS kann sich nur vollkommen ausdrücken. Da ist niemand, der richtig sein könnte oder falsch. Jedes Richtig ist vollkommen, jedes Falsch ist vollkommen. Aber du bist nicht das Richtig und Falsch, sondern das, was dies wahrnimmt. Das, was die Zweifel wahrnimmt, ist *vor* den Zweifeln. Es ist so unglaublich in diesem Spiel, daß der Glaube auftaucht, irgend etwas müßte anders sein. Es gibt immer den Wunsch, daß dieser oder jener Gedanke sich auflösen sollte. Was das Ganze anstrengend macht, ist die Idee, es sollte so nicht sein. Das Ich, das meint, es müßte etwas korrigiert werden; Gott zeigen, wie man es richtig macht: Existenz, du hast dich geirrt, es sollten keine Zweifel erscheinen, sondern Liebe. Aber Gott irrt sich nie. Es ist immer das, was erscheint.

ॐ

Das Unglückliche am Unglück ist das Ich, was meint, es wäre unglücklich. Ansonsten ist es eine Erfahrung in der Palette unzähliger Erfahrungen; nicht unbedingt die Nummer Eins, aber eine Erfahrung unter vielen. Was das Ganze schlimm macht: Wenn diese Erfahrung einen Besitzer bekommt: *Mein* Unglück, *mein* Glück. Wenn „mein Unglück" da ist, bist du auf der Suche nach Glück. Und wenn du „mein Glück" hast, verteidigst du es, damit du nicht unglücklich wirst. Sonst ist es das, was ist.

ॐ

**F.** Gut ist, wenn man die Erfahrungen und Gefühle einfach stehen lassen kann. Nur macht es die schweren Dinge auch nicht besser.

**K.** Das ist auch nicht das, wovon ich spreche. Das, wovon ich spreche, ist *vor* der Person und *vor* dem ganzen Ich-Konstrukt, was probiert, damit umgehen zu können. Mit dem Leben kann keiner umgehen. Wenn Gott sagt: Ich schicke dir jetzt mal eine Dosis Unglück, damit kann keiner umgehen. Das ist es, wenn ich sage: Wir, etwas ist dem Leben ausgeliefert.

Du glaubst doch wohl nicht, ich könnte mit irgend etwas umgehen. Ich bin völlig ausgeliefert. Ich habe nicht die Möglichkeit, etwas zu kontrollieren, zu steuern, einzuordnen.

**F.** Aber du realisierst, daß du nicht die Person bist.

**K.** Die Person hat nichts realisiert. Alles ist einmalig hier. Es wiederholt sich nichts. Sogar die Musik, auf der CD festgehalten, wird nie wieder so erscheinen, in allen Aspekten, die sie begleiten. In dieser Zusammenstellung ist sie einmalig. Und das trifft auf alles zu. Wie willst du damit umgehen? Du wärst nur am festhalten. Alles wäre permanent falsch.

Ein beliebtes Konzept von „Erleuchtung" lautet: Ich hab's dann. Dann kann ich es festhalten, bin raus aus dem Schneider, habe das Leben endlich nach meinen Vorstellungen unbeweglich, im Paket, kontrollierbar.

Aber genau das Gegenteil ist der Fall.

ॐ

**F.** Ich empfinde Panikattacken als sehr schlimm.

**K.** Was ist an Panikattacken schlimm?

**F.** Ich will sie nicht haben.

**K.** Was ist falsch daran, sie nicht haben zu wollen? In dem Moment, wo du sagst, du willst es anders haben, sagst du: Gott, du hast dich geirrt, ich müßte jetzt ohne Panik sein. Aber du bist immer DAS. Das Eine, das durch dich als Panikattacke erscheint. Deshalb kann ich niemandem hier helfen: Ich kenne keinen Ausweg, kann niemanden verbessern. Es gibt kein „Raus". Es gibt sicher Leute, die dir helfen können bei Panikattacken.

Es gibt Leute, die meinen, es sei Mitgefühl, jemanden da abzuholen, wo er sich befindet. Und andere halten es für Mitgefühl, keinen abzuholen. Wenn ich dich irgendwo abholen würde, würde ich die Idee stärken, daß mit dir etwas nicht stimmt. Ich liebe deine Panikattacken. Der, der sie nicht liebt, wird sie nie lieben. Das was du bist, ist jenseits davon. Von der Person gibt es kein Entkommen. Sind die Panikattacken weg, gibt es etwas anderes.

**F.** Aber gibt es nicht Entwicklungswege aus dem Gebundensein an die Welt? Kann ich nicht friedlicher werden?

**K.** Es kann nie friedlicher werden als *jetzt*. Hast du diesen Frieden je erreicht, der deinem Bild entspricht?

**F.** Jetzt fühlt es sich friedlich an.

**K.** Dann kommt wieder Unfrieden. Das was du bist, ist die Quelle von Frieden und Unfrieden, von Panikattacke und Gelassenheit. Bevor du eine Panikattacke hast, bist du anwesend. Wenn sie da ist, bist du auch anwesend, und wenn sie geht, ist immer noch etwas anwesend. Deshalb sage ich: Beim Erwachen springt nichts heraus.

**F.** Bei der Panik geht es ja immer darum, ob ich das Ganze überlebe und es dann lieben kann.

**K.** Du kannst es nicht lieben. Es ist schon total geliebt. Aber für die Person springt nichts dabei heraus. Noch nicht einmal Liebe.

**F.** Was ist es dann für die Person. Eine Prüfung?

**K.** Eine Prüfung von wem an wen?

**F.** Von Gott an diejenige Person, die es durchstehen muß.

**K.** Gott prüft dich nicht. Die absolute Liebe ist genau so eine Erscheinung wie Panikattacken. Ich möchte mich nicht darüber stellen. Aber der entscheidende Punkt ist ja, daß da niemand ist, der die Panikattacke erfährt. Es gibt kein Ich. Es ist das Eine, das als Panikattacke erscheint.

Was ist, wenn du genug Prüfungen bestanden hast?

**F.** Wieder eine und wieder eine. Und wenn keine mehr kommt?

**K.** *Jetzt* geschieht keine Prüfung. Was ist jetzt hier?

Gott ist so bedingungslos. Bedingte Liebe kennen wir alle. Wenn du dich so oder so verhältst, wirst du geliebt. Du bist vollkommen, wenn du dies oder jenes tust. Jede Liebe, die zu erreichen wäre, wäre vergänglich, würde vergehen wie alles andere. Aber die Quelle ist immer da. Sie ist das einzige, was nicht kommt und geht.

**F.** Wie gehst du mit Gefühlen um, mit Wut z. B. und Haß. All dem, was man als negativ empfindet.

**K.** Aus irgendeinem Grund habe ich aufgehört, es besser wissen zu wollen, was angenehm ist und was nicht. Und wenn in diesem Traum Wut erscheint, dann ist diese Form auch wütend. Wenn ich einen Tiertransporter vorbeifahren sehe; die Leute müssen mich da festhalten.

**F.** Ich frage dich aber: Wie gehst du mit Zuständen um, die nicht so schnell vorbeigehen? Wie geht man damit um? Ich empfinde das als sehr schwierig.

**K.** Wie gesagt, ich kann mit gar nichts umgehen. Das sind alles konditionierte Vorstellungen vom Erwachen. Daß man dann damit umgehen können müßte. Ich bin dem absolut ausgeliefert.

Der Unterschied ist vielleicht, daß da keine Geschichte dranhängt. Beim Tiertransporter kann totale Wut auftauchen, nebenan sehe ich einen schönen Hund und strahle. Da ist niemand, der sich so oder so, besser gesagt *überhaupt* verhalten könnte. Da gibt es nicht mehr „meinen Willen", der sich Gott hingibt. Es ist niemand mehr da, der sich hingibt. Es ist DAS. Völlig ausgeliefert. Verletzung ist Verletzung, Liebe ist Liebe. Da ist nichts, von dem du sagen könntest: Das will ich nicht.

**F.** Es heißt aber, die Dinge, die ich nicht haben will, kriege ich erst recht.

**K.** Das sind Konzepte. Ich weiß nicht, ob ich die Dinge bekomme, die ich nicht haben will. Als ich drei Jahre alt war und von meinen Eltern mißhandelt wurde, war da keine Idee, daß ich das kriege, weil ich es nicht haben will. Das ist eine Idee vom Verstand. Ich glaube nicht, daß Gott einen durch so etwas hindurchschickt. Dieses Konzept mit der Prüfung.

**F.** Ich glaube auch nicht, daß Gott mich durch etwas hindurchschickt, aber irgendeinen Grund muß es ja haben.

**K.** Wenn du einen Grund findest, ist er für dich real. Ich nehme ihn dir nicht. Alles stimmt und stimmt nicht. Das haben Worte so an sich. Aber wir haben die Idee: Das eine ist falsch, das andere richtig. Frieden ist gut, Glück ist gut, Krieg ist schlecht.

**F.** Wo hört denn Liebe auf, und wo fängt Haß an?

**K.** Das klingt jetzt sehr provokativ. Aber das, was sich durch Hitler ausgedrückt hat, ist das Gleiche, was sich durch die Juden im KZ ausgedrückt hat. Das Eine. Und natürlich haben wir in dem Traum ein Verantwortungsgefühl. Aber ich glaube nicht, daß hier in diesem Raum jemand sitzt, der absichtlich jemanden quält. Hier ist schon soviel Mitgefühl.

**F.** Wenn ich Wut verspüre in Gegenwart meiner Kinder, dann lasse ich die Wut nicht einfach geschehen. Ich versuche schon, sie nicht an meinen Kindern auszulassen, ich versuche irgendwie damit umzugehen.

**K.** Und hast du eine Wahl, wann du wie mit der Wut umgehen kannst und wann es dir nicht gelingt? Entscheidest du dich, in einer bestimmten Situation Wut zu bekommen?

**F.** Nein.

**K.** Und entscheidest du dich, die Wut dann angemessen auszuleben?

**F.** Manchmal glaube ich ja. Dann gehe ich in den Wald und schreie.

**K.** Du meinst, daß es so ist. Wenn jemand vernünftig mit Wut umgehen kann in dem Fall, dann ist es das Eine. Damit hast *du* nichts zu tun. Im anderen Fall auch nicht. Und wenn das akzeptiert wird, dann gibt es dich nicht mehr.

ॐ

**F.** Gott prüft mich.

**K.** Gott prüft niemanden. Es gibt niemanden, der zu prüfen wäre. Du bist nicht getrennt von Gott.

**F.** Mein irdisches Dasein ist getrennt von Gott, mein höheres Ich nicht. Durch meinen Auftrag auf der Erde prüft mich Gott.

**K.** Was ist dein Auftrag?

**F.** Wenn ich das wüßte.

**K.** Wie gerissen der Verstand ist. Er spricht von einer Aufgabe, die er nicht einmal kennt. Und solange es die Aufgabe zu erkennen gilt, ist seine Existenz gesichert.

# Wie willst du annehmen, was schon da ist?

Wie willst du annehmen, was du bist? Oder sagst du morgens: Ich nehme jetzt die Sonne an? Du bist, was du bist. Du wirst nicht danach gefragt, ob du dich annimmst. Da ist dieser Gedanke, der scheinbar aus der Einheit herausgeht, um dann zu sagen: Ich suche mich. In Wahrheit ist da niemand.

ॐ

**F.** Einerseits sehe ich mich wie in einem Film, kann die einzelnen Rollen wie von außen wahrnehmen. Dann ist da auch Entspannen: Es darf alles sein, wie es ist, egal wie ich mich gerade fühle. Dann aber auch das Gefühl: Das geht sowieso alles vorbei.

**K.** Es geht hundert Prozent vorbei. Nichts bleibt für immer. Was ist deine Frage?

**F.** Wie kann ich erreichen das anzunehmen?

**K.** Du kannst es nicht erreichen. Du bist es schon. Das ist so ein Therapiekonzept mit Annehmen, Akzeptieren. Wie willst du etwas annehmen, was schon da ist? Unsere Natur ist permanente Annahme, egal was erscheint. Wenn du hier sitzt, egal was da ist, probiere einmal, irgend etwas hier nicht anzunehmen. Gott braucht unsere Annahme nicht. Du bist immer DAS. Der Versuch, etwas anzunehmen, ist wie der Versuch, dich zu setzen, wenn du schon sitzt.

Aber erforsche das weiter. Nimm nicht hin, was ich hier sage. Glaube nicht einfach jedes Wort. Frage dich: Bin ich wirklich Annahme. Ist das wirklich so, daß die Annahme schon da ist?

ॐ

**F.** Oft erlebe ich Zustände, in denen es sehr schön ist, sehr klar und friedlich. Aber dann kommen Zweifel; andere sagen etwas, und ich falle wieder heraus. Und dann habe ich das Gefühl, es ist alles nicht wahr gewesen. Ich kann damit manchmal sehr schwer umgehen. Manchmal fühle ich mich furchtbar ausgeliefert.

**K.** Du kannst damit nicht umgehen. Wir hätten alle gern die Kontrolle, aber das geht nicht. Es ist alles schon in dir, und jeder trampelt schon in dir herum. Wenn Zweifel da sind, herrlich. Das ist absolute Unsicherheit und absolutes Ausgeliefertsein, wenn dieses Ich sich lockert. Für den Verstand hört es sich an, als wäre alles eine Bedrohung, aber es ist alles Liebe.

ॐ

Die Idee, etwas draußen zu lassen, ist nur eine Idee. Alles ist schon längst drin. Es ist genauso wie die Idee von Annehmen. „Ich nehme das an." Völlig absurd. Es ist doch schon da. Die Idee von Annahme kann nur kommen, wenn etwas schon eingetreten ist. Sonst würde ich mir die Frage doch gar nicht stellen.

# Es gibt keinen Dalai Lama

**F.** Du betonst immer wieder die Gleichheit der Dinge, daß alles der gleichen Quelle entspringt. Das scheint mir logisch. Aber es gibt doch Hierarchien. Und es gibt Meister und Schüler. Was du sagst, löst alle Differenzierungen zwischen Meister und Schüler auf, das scheint mir sehr rebellisch.

**K.** Das ist unsere Sehnsucht, daß es sich auflöst. Sicherlich wollen einige es weiterbehalten. Aber wenn du erkennst, daß das genau das Gefängnis ist, die Trennung zwischen klein und groß, Lehrer und Schüler, dann gibt es dich nicht mehr. Und jedes Suchen ist darauf ausgerichtet, DAS zu vermeiden, das Erkennen, daß es keine Trennung gibt. Denn jedes Suchen *ist* Trennung. Da gibt es niemanden mehr. Wenn alles gleich ist und Eins, dann gibt es mich nicht mehr.

In diesem Setting, das ich nicht bestellt habe, sieht es so aus, als hätte hier (weist auf sich) jemand mehr als dort (weist auf die Zuhörer). Aber das stimmt nicht. Was hier sitzt, ist das gleiche wie das, was dort sitzt. Und es wäre absolut in Ordnung für diesen Körper-Verstand (weist auf sich), dort zu sitzen anstatt hier. Da ist keine Vorliebe. Aber da hier niemand sitzt, hat auch niemand die Wahl.

**F.** Das meine ich doch mit rebellisch. Zu erkennen, daß ich genauso bin, genauso viel oder wenig, wie z. B. der Dalai Lama.

**K.** Wir sind nichts. Es gibt keinen Dalai Lama. Und keinen, der das erkennt. Erkennen und Dalai Lama sind Eins. Das ist der Verstand, der das vergleichen will. Aber Eins ist Eins. Es springt nichts heraus dabei. In dem Moment, wo ich einfach denke: Ich bin Eins, steht es im Vergleich zur Zweiheit. Aber auch die Zweiheit ist das Eine.

In unserer Kultur ist es natürlich eine Todsünde zu sagen: Ich bin Gott. Das ist in Indien ganz anders. Dort ist es eine Todsünde, es nicht zu sagen.

ॐ

**K.** Oft hört man von Künstlern, es geschehe *durch* sie. Etwa ein Tänzer, der besonders gut tanzt, wenn *es durch* ihn tanzt. Was der Tänzer damit meint ist, daß es ihn nicht gibt. Spätestens wenn der Applaus kommt, gibt es ihn wieder (Lachen).

**F.** Der Tänzer könnte aber nicht so wunderbar tanzen, wenn er nicht mindestens 10 Jahre hart trainiert hätte. Der Wissenschaftler könnte keine genialen Erkenntnisse haben, wenn er sich nicht vorher hätte ausbilden lassen. Kommen da nicht zwei Dinge zusammen: Persönlichkeit und das Sein?

Der Tänzer ist eine Illusion: Aber er hat an sich geglaubt, hat hart gearbeitet.

**K.** Wunderschön. Ja. Der, der an sich geglaubt hat, das ist das Eine. Ein Mysterium.

**F.** Ich kenne das von mir. Als ich 19 Jahre alt war, saß ich vor Sai Baba und fühlte mich schlecht, weil ich nichts gelernt hatte. Ich wußte: Einerseits bin ich wertvoll, göttlich. Aber andererseits wußte ich auch: Ich muß etwas tun im Leben. Und dann die Demut aufzubringen zu sagen: Ich muß Dinge *lernen.*

**K.** Es gibt keinen Sai Baba. Es ist völlig egal, was er sagt, es wird immer DAS sein. Das Mißverständnis existiert, wenn du glaubst, da seien zwei Körper. Dann siehst du andere Körper und glaubst, was da geschieht. Dann kommt der Guru-Check: Was sagt der, was sagt der. Aber es wird immer DAS sein.

Und die Dankbarkeit, daß das Lernen da ist, ist auch mit eingeschlossen. Um es esoterisch auszudrücken: Dankbar sein, das Instrument Gottes sein zu dürfen. Es war schon immer DAS, und da ist nichts zusammenzubringen. Nichts muß anders sein, nichts muß erkannt werden, es ist immer DAS.

ॐ

**F.** Die Existenz hat doch irgendetwas vor. Gibt es nicht irgendein Ziel, das es zu erreichen gilt?

**K.** Es gibt kein Ziel. Jedes Ziel wäre vergänglich. Das hier ist schon der maximale Ausdruck. Da gibt es keinen Weg, kein Ziel, kein Fortschreiten. Das ist schon DAS.

**F.** Aber es gibt doch Karma, all die Religionen, Jahrtausende alte Traditionen. Alle Meister, die das gelehrt haben, die haben sich doch etwas gedacht dabei.

**K.** Da ist niemand. Es gibt keine Meister. Das ist das Eine. Das Eine, das sich in einem scheinbaren Meister ausdrückt. Solange da die Idee von Ich ist, sind natürlich auch die anderen da: Ich und der Meister. Aber es ist Eines. Da ist niemand, der jetzt entscheidet: Ich bin Meister. Und das Eine drückt sich im Meister genauso aus wie im Tankwart. Wir fragen komischerweise nicht: Warum gibt es den Tankwart?

ॐ

**F.** Ist es nicht doch so, daß jeder eine Aufgabe hat? Was ist der Sinn von all dem, wenn ein Meister so etwas sagt, immer wiederholt?

**K.** Das Entscheidende ist, daß da kein Meister ist und niemand, der hört, was der Meister sagt. Da ist das Eine. Es ist völlig egal, ob du irgendwo sitzt und hörst, es gibt etwas zu tun oder ob du hörst, es gibt nichts zu tun. Das klingt jetzt so, als wäre es besser hier zu sein, wo man hört, es gibt nichts zu tun, als irgendwo zu sein, wo gesagt wird, es gäbe etwas zu tun. Doch es ist das Gleiche. Deshalb sage ich immer, es ist egal, ob du kegeln gehst oder zum Satsang. Aber hier ist niemand, der die Wahl hat, ob er jetzt kegeln geht oder hier sitzt.

ॐ

**F.** Was machst du, wenn du mies drauf bist? Nimmst du es, weil es so ist? Fällt es dir leichter als früher?

**K.** Es ist nichts anders als früher. Aber es geschieht nicht mir. Da ist keine Idee von *ich*: *Ich* bin mies drauf. Mies-drauf-Sein geschieht genauso, wie der Stuhl geschieht oder Brötchen kaufen geschieht. Und in gewisser Weise bin ich diesem Mies-drauf-Sein völlig ausgeliefert. Da gibt es kein Entkommen. Ich bin immer das, was auftaucht. Da kann ich nicht sagen: Dieses möchte ich, jenes möchte ich nicht. Und in diesem Moment gibt es keinen Grund mehr, mies drauf zu sein. Das kannst du nur, wenn du es mit Gut-drauf-Sein vergleichst.

Karim hat genauso Macken, wie jeder hier drin. Es ist sehr verlockend, zu glauben: Mit der Erleuchtung werde ich *mich*, die Person, los. Mit Drogen hat es nicht funktioniert, mit Meditation nicht, jetzt stürze ich mich direkt auf die Erleuchtung, dann bin ich weg. Du wirst dich nicht los, den Film wirst du nicht los.

Sogar Ramana, der Oberheilige, hatte persönliche Eigenschaften, hat auf seinen Namen gehört. Er hat sogar eine Kuh geliebt.

**F.** Ramana hat vielleicht das Spiel nur für seine Umgebung mitgespielt.

**K.** Es gibt keinen Ramana. Es gibt nur DAS.

## Hingabe und Verstehen fließen schließlich zusammen

*„Zu wissen, daß ich Nichts bin, ist Weisheit.*
*Zu wissen, daß ich Alles bin, ist Liebe.*
*Dazwischen bewegt sich mein Leben."*

*(Nisargadatta)*

Ramana hat gesagt: „Gott hat noch nie jemanden im Stich gelassen, der sich ihm zugewandt hat." Aus irgendeinem Grund habe ich dem bedingungslos vertraut, obwohl ich Ramana nicht als Person begegnet bin. Als Papaji nach Hingabe gefragt wurde, hat er geweint. Wenn Nisargadatta gefragt wurde oder Karl Renz: Hingabe gibt es nicht. (Lachen) Ich habe das Gefühl, das eine schließt das andere nicht aus. Das gehört irgendwie zusammen. Zu wissen, daß ich nichts bin, ist Weisheit, ist Verstehen, klares Verstehen. Und zu wissen, daß ich alles bin, ist Hingabe, Liebe. Dankbarkeit wird zur Hingabe, und Hingabe wird zur Liebe. Für manche.

Das ist eine Einheit. Es gibt immer wieder Formen, die ganz viel aus der Liebe sprechen. Frauen, Mutterfiguren, die aus der absoluten Fülle sprechen. Aber da ist oft die andere Seite nicht, die Klarheit. Dann gibt es ganz klare Menschen, die oft messerscharf sind. Da hat man manchmal das Gefühl, es wird die Fülle draußen gelassen. Natürlich ist da niemand, der das macht. Ich mag es nicht, wenn irgendwo nur eine Seite vertreten ist. Ich habe schon immer die Widersprüche geliebt.

ॐ

Wir sind der Liebe völlig ausgeliefert, sind völlig geliebt, ob wir das wollen oder nicht. Es gibt keine Person, die sich lieben läßt. Man kann zwar im Traum daran arbeiten, eine liebevolle Person zu werden. Aber die absolute Liebe bedeutet den Tod der Person. Deshalb wird viel getan, um von DEM nicht erfaßt zu werden, von dieser bedingungslosen Liebe, die uns so sehr liebt, auch wenn wir uns überhaupt nicht lieben. Es wäre grausig, wenn DAS bedingt wäre.

Es muß immer wieder klargestellt werden, daß Erwachen nichts mit der Person zu tun hat. Du bist dieser Person, diesem Programm völlig ausgeliefert, das da erscheint; du wirst es nicht los.

Dieses advaitische Konzept: Ich bin nicht der Körper, die Gedanken, die Gefühle, ist mittlerweile nichts Neues mehr. Viele Menschen machen diese Erfahrung. Auch die Wissenschaft, etwa die Quantenphysik, bestätigt dieses Wissen. Aber das ist die eine Seite von all dem. In Wirklichkeit sind wir nämlich *alles*. Solange ich mich scheinbar auf eine Seite schlage, bin ich mitten in der Dualität, woran natürlich nichts falsch ist.

Gewöhnlich befinden wir uns auf *einer* Seite. Entweder sind wir voller Liebe, sind alles. Aber es fehlt die Klarheit, daß wir Nichts sind. Oder da ist die Idee: Ich bin Nichts. Im advaitischen Elfenbeinturm: Mich gibt es nicht. Wenn es die Gnade will, kommt beides zusammen.

Obwohl es Karim nicht gibt, erscheinen hier Bedürfnisse. Die Quelle schließt nichts aus. Das zu meinen, ist ein Zeichen von Unwissenheit. DAS ist immer da. Ganz bedingungslos. Es liebt dich so, wie du bist. Mit Ego, ohne Ego. Mit Film, ohne Film.

Niemand könnte anders sein hier drin. Und genau genommen ist da niemand. Es ist DAS. Jedes Mal, wenn wir sagen: Ich will es anders haben, als es jetzt ist, ich möchte erwachen, sagen wir: Ich weiß es besser als Gott, als das Sein. Gott hat sich geirrt. Es ist vergeblich, mit Gott zu streiten. Da bekommst du ständig eins auf die Rübe. Du kannst nicht etwas perfekt machen, was bereits perfekt ist. Die Idee: Ich will erwachen, ist nichts anderes, als zu sagen: Ich weiß es besser. Ich zeige Gott, was Erwachen ist. Ich meditiere jetzt so lange, bis ich es habe.

Es ist das Selbst, was sich wiedererkennt. Und darin ist es schonungslos. Was die Person dabei macht, ist völlig ohne Belang.

Jede Bewegung, jeder Gedanke, jedes Gefühl erscheint in DEM. Und ein Gedanke davon ist, daß die Person getrennt ist davon. Aber auch dieser Gedanke ist in DEM. Die größte Trennung findet in der Einheit statt. Deshalb hat Erwachen auch nichts damit zu tun, nicht identifiziert zu sein. Wer kann denn identifiziert sein: Doch nur die Person.

Die Botschaft, die scheinbare, ist sehr kurz: Alles ist gut. Oder: Dein Wille geschehe. Das eine ist das Verstehen, daß alles, so wie es erscheint, nicht anders erscheinen könnte, das andere ist die Hingabe.

In Wahrheit gibt es nur *einen* Willen. Es gibt nur Einheit. Da ist niemand, der sich Gottes Willen hingeben könnte.

Das hier ist Gottes Wille: Die Gardine, die Wärme hier im Raum, der Tee, die Körper, die Gedanken, die Gefühle. Genau so soll es jetzt sein. Und jedes Mal, wenn wir uns damit anlegen, sagen wir im Grunde: Gott, du hast dich geirrt, ich weiß es besser. Ich müßte mich jetzt anders fühlen, woanders sein. Aber Gott irrt sich nicht, alles ist absolut vollkommen.

Jede Technik, die vermittelt werden könnte, leugnet die Vollkommenheit dieses Augenblicks. Auch wenn da die Idee ist: Mir fehlt noch etwas, ich sollte mich ändern – welches Programm auch immer gerade abläuft. Das ist genau das, was jetzt geschehen soll.

Für den Verstand ist das schwer anzunehmen, denn er braucht immer ein Ziel. Aber einfach zu sein, was wir sind: Dafür sind wir geboren worden, dafür kann nichts getan werden.

*Alles was ist, ist DAS. Es verfolgt keine Richtung, ist frei und hat keine Absichten. Es webt in endloser Liebe sich selbst als scheinbar getrenntes Individuum.*

*Staunend, lauschend und sich selbst genießend erfreut es sich an dem Mysterium „Leben“. Die geträumten Charaktere, so wie der Träumer selbst sind lediglich Erscheinungen im Bewußtsein.*

*Folglich gibt es keine eigenständigen Wesenheiten, keine Handelnden und keinen freien Willen, keine Schuld und keinen Schuldigen.*

*Es existiert kein „Jemand“, der gefangen ist, und folglich auch niemand, der befreit werden könnte.*

# Absolut ausgeliefert

Alles, was sich äußert, jeder Gedanke, jeder Zweifel, ist die Quelle. Du kannst deine negativen Gedanken nicht korrigieren und nicht deine positiven. Absolut ausgeliefert. Absolut arbeitslos. Und wenn Gott will, daß du zweifelst, dann zweifelst du. Du hast absolut nichts damit zu tun. Es gibt keine eigenständige Bewegung wie ein Ego oder eine Person. Und jeder Versuch, daß diese scheinbar getrennte Person zur Quelle zurückkommt, ist zum Scheitern verurteilt. Gott fragt dich nicht, ob du so sein willst, wie du gerade erscheinst. Das ist die Realität – verweile in ihr.

ॐ

**F.** Es ist für mich angenehmer, bewußt zu sein, zu verstehen, warum ich verstrickt bin.

**K.** Erwachen hat nichts damit zu tun, die Verstrickungen loszuwerden. Es geht nicht um die Person, die verstrickt ist. Sicherlich kannst du daran arbeiten, nicht mehr so verstrickt zu sein. Diese Versuche haben viele hier schon hinter sich. Aber das, was du bist, hat nichts mit bewußt oder unbewußt sein zu tun, es ist jenseits.

**F.** Es ist aber einfacher, zu wissen, wer oder was ich bin.

**K.** Einfach und schwer sind duale Zustände. Du bist *davor*. Du bist anwesend, wenn es schwer ist und wenn Schwere verschwindet. Das kannst du doch nicht leugnen! Und das zeigt ganz klar, daß du beides nicht *bist*. Du bist *vor* Wissen und Unwissenheit. Gott braucht nicht deine Bestätigung.

Das ist nicht sehr attraktiv für viele. Da gibt es nichts mehr zu tun. Auf dem „Weg" möchten viele den Frieden erweitern, festhalten, durch langen Blickkontakt im Satsang, durch Stille, durch Meditation. Aber alles, was sich erweitert, wird sich wieder zusammenziehen, alle Einheit wird wieder Zweiheit. Während all dem bist du anwesend.

Und diese Anwesenheit braucht nicht deine Bewußtheit. Sie macht alle Zustände möglich. Sie ist die *Quelle* von allem.

Und sie ist nicht greifbar. Du kannst dich nur annähern, indem du erkennst, was du nicht bist: Gedanken, Gefühle, Zustände.

Diese Anwesenheit ist bedingungslos. Sie sagt nicht: Dich gibt es nur, wenn du bewußt bist. Das wäre ein Gott, den du erreichen könntest. Ein Erwachen in der Zukunft.

Ich bin nicht besonders interessiert daran, euch in die Einheit zu führen oder diesen Traum angenehmer zu gestalten. Das ist unerheblich. Jede Einheit, die du erlangst, verlierst du wieder. Wenn alles kommt und geht: Was bleibt? Hab' den Mut, völlig unbewußt zu sein.

ॐ

**F.** Manchmal identifiziert zu sein und manchmal nicht, dieser Wechsel erscheint oft verwirrend, in einigen Fällen auch lustig. Leider ist da die Idee, solange Identifizierung stattfindet, kann kein Erwachen stattgefunden haben.

**K.** Wunderbar, was du da sagst. Erwachen hat nichts damit zu tun, nicht identifiziert zu sein. Alles, was nicht identifiziert ist, identifiziert sich irgendwann. Aber es ist etwas da, in dem dieser Wechsel stattfindet. *Die Quelle* von Identifikation und Nicht-Identifikation. Und jeder Versuch daran zu arbeiten, sich weniger zu identifizieren, wird immer in dem stattfinden, was du bist. Doch er wird niemals DAS erreichen, aus dem er entsteht. Genauso, wie das Auge sich niemals selbst sehen kann. Du kannst das Auge schulen und trainieren wie du willst, es wird sich niemals selbst sehen können. Außer im Spiegel.

Es wäre grausam, wenn das, was wir sind, bedingt würde durch etwas, zum Beispiel durch Nichtidentifikation.

Identifikation erscheint. Wunderbar. Ein Mysterium. Aus dem Nichts erscheint sie. Das ist das Leben.

**F.** Im Grunde sind das alles Konzepte und Ideen. Im Grunde weiß ich gar nichts.

**K.** Wie ist es, nichts zu wissen?

**F.** Manchmal streßt es mich. Und dann taucht auch Schmerz auf, körperlicher Schmerz. Aber was nützt mir das alles. Der, der leidet, scheine ich ja nicht zu existieren. Und da scheint keine Wahl zu sein, nicht zu leiden.

**K.** Ja. Wer sollte da auch wählen können.

**F.** Genau. Und wenn ich etwas anderes will als das, was geschieht, dann habe ich sowieso verloren.

**K.** Du kannst soviel anders haben wollen, wie du willst. Du kannst dich nicht verlassen. Das Sehen, was immer ist, ist völlig frei. Es sieht dich wählen und erfahren, daß du keine Wahl hast.

ॐ

**F.** Du sagtest, die Quelle nimmt wahr, nimmt sozusagen uns wahr. Sie nimmt uns wahr als DAS, was wir sind, so könnte man das doch auch ausdrücken?

**K.** In Wahrheit nimmt da nichts wahr. Solange es eine Wahrnehmung gibt und etwas Wahrgenommenes, ist da eine Trennung, ist es nicht Eines. Und das, was die Wahrnehmung ermöglicht, ist Eines. Das, was du Quelle nennst, ist kein Objekt: Gott nimmt uns wahr, das bist du. Das ist deine wahre Natur.

Es ist nichts außerhalb, Gott ist nicht außerhalb. Wie kannst du das sein, was wahrgenommen wird. Du nimmst doch deinen Körper wahr, oder: Etwas nimmt den Körper wahr. Etwas nimmt die Gedanken wahr und die Gefühle. Also ist etwas *vor* diesen Objekten bereits da, und deshalb kannst du kein Objekt sein. Und das, was davor ist, ist das, was wir sind.

Aber mit dem Ich-Gedanken erscheinen diese vorbeirauschenden Dinge, Körper, Gedanken, Gefühle, Verstand, interessanter als DAS, was immer da ist.

Deshalb heißt es Selbst-Erkenntnis. Weil das Selbst sich in den Objekten verliert und glaubt, es wäre Objekt. Im Moment der Selbst-Erkenntnis realisiert es, daß es das, was es im Objekt sucht, selbst ist. Aber das geschieht keiner Person, weil die Person ein Objekt ist. Deshalb kann ein Objekt sich nicht selbst erkennen.

ॐ

**F.** Du sagst, es ist egal, ob Selbsterkenntnis geschieht oder nicht. Aber ist es für die Existenz nicht eine große Freude, wenn bei einem scheinbaren Ich Selbsterkenntnis geschieht?

**K.** Das, was du jetzt sagst, bezieht sich auf das, was du nicht bist. Und das, was du als Existenz bezeichnest, als etwas, was außerhalb von dir ist, das bist du. Es ist umgekehrt.

Die Existenz verändert sich durch die Selbst-Erkenntnis nicht. Da ist Freude über nichts. Aber die Existenz wird dadurch nicht mehr.

**F.** Ist das so, wie wenn man eine Illusion verliert? Aber weil die Illusion eine Illusion ist, kann man sie gar nicht verlieren?

**K.** Exakt. Wie sollte die Illusion erkennen, daß es sie nicht gibt? Wie sollte die scheinbare Person erkennen, daß es sie nicht gibt? Etwas, was es nicht gibt, kann nicht erkennen, daß es nicht existiert.

**F.** Wenn man in dieser Illusion gefangen ist, eine Person zu sein, hat man natürlich auch Angst zu sterben.

**K.** Es gibt viele Äußerungen, daß das Erwachen auch wie ein Tod sein kann. Vielleicht haben einige es so erlebt und daraus ein Konzept gemacht: Der Meister führt dich bis zur Klippe, springen mußt du allein. Aber wohin sollte der Sprung denn gehen? Es gibt kein „bekannt“ und „unbekannt“. Und wenn jemand springt, ist es die Quelle, die vorgibt zu sterben.

## Etwas in uns versteht

Wenn das Fenster geschlossen ist, der Rolladen unten, ist die Wahrscheinlichkeit, daß die Sonne hinein scheinen kann, gleich Null. Wenn der Rolladen jedoch hochgezogen ist, ist sie schon höher. Dennoch ist es nicht unser Job, ob die Sonne hinein scheint. Den Rolladen können wir allerdings bewegen.

Das hört sich natürlich so an, als wäre da jemand, der den Rolladen hochziehen könnte. Aber es geschieht, hat gar nichts mit der Person zu tun. Etwas versteht. Und das Verstehen ist schon das Öffnen. Als Nisargadatta gefragt wurde, was er lehrt, antwortete er: „Die alte Tradition des Verstehens."

Und in Wirklichkeit war nie ein Rolladen unten, und es gibt keine Sonne, kein Drinnen und kein Draußen. Es ist die maximale Brücke des Beschreibens, des Erklärens.

Wenn jemand hierherkommt in der festen Überzeugung: Ich weiß es, dann kann sehr wenig von jenseits der Sprache hindurchkommen. Da ist eine Person, die verteidigt. Und ob da eine Person ist oder nicht, das kann natürlich niemand entscheiden. Aber in dem Moment, wo du zuhörst, ist der Rolladen schon auf.

ॐ

Wir sind süchtig nach uns. Wir können gar nicht genug bekommen vom Sein. Und wir lieben es, Nichts zu sein. Deshalb ist der Wunsch eines jeden, der hierher kommt, nicht: Mach' mich zu mehr, gib mir mehr Wissen, mehr Erleuchtung. Der subtile, versteckte Wunsch lautet: Mach' mich zu Nichts, ich will das alles gar nicht wissen, ich will es gar nicht erklären können, ich will es gar nicht verstehen können, nimm es. All das geschieht unter dem Deckmantel, zum Satsang zu gehen, um etwas zu bekommen. Wenn das Ego wüßte, worauf es sich da einläßt, es würde sich schwer überlegen, ob es zum Satsang geht.

ॐ

Ich habe eine sehr schöne Karte geschickt bekommen:
„Sommer und Winter wechseln sich ab. Keinerlei Botschaft." – Wir werden das nicht los, daß es kein Landen, kein Ankommen gibt. Das wird bereits ge-

sehen, egal ob hier jemand versucht zu landen und anzukommen. Alles *ist* schon erwacht, auch das Eine, das vorgibt, nicht erwacht zu sein. Soviel geschieht, aber das, was du bist, ist davon unberührt.

ॐ

Es gibt Löcher in der Matrix. Ich empfehle nicht gern Techniken, aber eine gute Möglichkeit ist es, wenn dir plötzlich der Faden in einem Gespräch entgleitet, ihn nicht wieder aufzunehmen und zu beobachten, wie das Gespräch sich dennoch weiter entfaltet. Wie Sprechen trotzdem geschieht.

ॐ

**F.** Wenn ich eine bestimmte Musik höre, dann hat sie auf mich eine ganz ähnliche Wirkung wie hier im Satsang. Das hat mich zu der Ansicht gebracht, dieser Musiker könnte auch so eine Art Satsang-Lehrer sein, ein Erwachter.

**K.** Das sind alles Konzepte. Aber ich glaube, daß „Es" in der Kunst häufig zu finden ist. Natürlich ist es überall zu finden. Und jetzt kommt das Aber. Es drückt sich überall aus, aber es gibt Löcher in der Matrix. Zum Beispiel Satsang, Kunst, Intensive Begegnung.

Nimm' in der Kunst etwa das Tanzen. Der schönste Tanz geschieht, wenn der Tänzer verschwindet. Das sagen Tänzer auch: Es tanzt *durch* mich. Das sind die Momente, die berühren. Niemals sind es die Worte oder die Aufmachung, immer ist es die Wahrhaftigkeit. Daß das, was spricht, singt oder tanzt DAS ist, wahrhaftig ist, mit jeder Faser. Und dies geschieht oft in der Kunst. Es ist *das*, was uns daran wirklich berührt.

Wenn du erforschst, wirst du aber bemerken, daß DAS überhaupt nicht aufhört. Das Konzert ist zu Ende, du gehst aus dem Raum, und du bist immer noch berührt. DAS hört nicht auf. Es scheint im Konzert oder hier im Satsang näher zu sein. Aber wenn du genau schaust, erfährst du: Es ist überall.

Und DAS hat auch viel mit Humor zu tun. Über sich selbst lachen. Über das Leben in allen seine Facetten. Über diesen Witz. Die Person wird unwichtig. Und dann *bist* du plötzlich nur.

Amen (Lachen)

## Jeder Glaube und jede Hoffnung werden gehen – glaube mir kein Wort

**F.** Du sagst immer, es gäbe keinen Ausgang. Für mich erscheint als Ausgang das Hinaustreten aus dem Rad der Wiedergeburt, das völlige Verschwinden einer Individualität, das Aufgehen im Nichts. Dann denke ich wieder: Das ist mein Verstand, der immer noch ganz gern weg möchte.

**K.** Wenn es keinen Handelnden gibt und kein Ich, wer sollte wiedergeboren werden? Die Idee von Wiedergeburt basiert auf etwas, was es nicht gibt. Eine Illusion kann nicht wiedergeboren werden.

**F.** Aber du sagtest einmal: Solange man in der Dualität ist, gelten die Gesetze der Dualität.

**K.** Das Paradoxe ist: Der Nicht-Ausgang ist ein Ausgang. Aber den Deal kann man nicht eingehen. Du kannst den Weg nicht wegen des Ausgangs gehen. Doch was dich erwartet, *ist* die absolute Freiheit. Aber der Freiheit wegen, weil es deine Natur ist. Der, der hinauskönnte, den gibt es nicht. Und das zu erkennen, ist der absolute Ausgang.

Nur ein Ich kann hinein und hinaus. Aber da war nie jemand drin und nie jemand draußen. Deshalb sagt Nisargadatta: „Wer waren Sie, bevor Sie geboren wurden?" Wo wolltest du heraus, als du ein halbes Jahr alt warst? Dann kam dieser Ich-Gedanke, der meinte, er wäre drin, und wollte raus.

Vorher war alles in Ordnung. Nur eine Idee kam hinzu. Bis zum Alter etwa eines Jahres ist alles frei. Dann kommt das Ich und übernimmt einen Bereich, für den es gar nicht zuständig ist.

**F.** Das hört sich jetzt an wie ein Betriebsunfall. Aber es heißt immer: Alles was ist, ist vollkommen.

**K.** Der Ich-Gedanke ist der absolute Betriebsunfall. Nicht der Ich-Gedanke, sondern daß das Sein sich im Ich-Gedanken verliert. Der Ich-Gedanke an sich ist einfach nur ein Gedanke.

ॐ

**F.** Reinkarnation ist auch nur ein Konzept?

**K.** Was sollte wiedergeboren werden? Das Ego liebt die Vorstellung der Wiedergeburt. „Ich" komme wieder. Ich muß ja noch Leute erlösen. Bis alle auf diesem Planeten frei werden.

Bevor du geboren warst, was warst du da?

**F.** Wenn du eine Rückführung machst, dann siehst du doch aber frühere Inkarnationen.

**K.** Das findet alles im Verstand statt. Mind travelling, Vorstellungen. In der Dualität ist alles möglich, was wir uns vorstellen können. Ich möchte Reinkarnation nicht als Spinnerei abtun. Wenn du daran glaubst, ist es das, was es ist. Aber wir sind *vor* jeder Vorstellung. Diese Idee von Wiedergeburt kann es nur geben mit dem Ich-Gedanken. Wenn du eine Mutter fragst: Was war dein Kind, bevor es das erste Mal „ich" gesagt hat, würde sie antworten: Es war da.

Ich kann die Frage auch nicht beantworten, was dann ist, wenn der Film zu Ende ist. Das sind alles Konzepte. Ich kann nur mit absoluter Sicherheit sagen, daß ich bin, und daß das, was ich bin, *vor* allem ist, was in der Zeit geschehen kann. Ich bin auch vor „Tod". Was danach erscheint – keine Ahnung. Ich kann nur wissen, daß das, was ich bin, *davor* ist.

ॐ

Solange ich glaube, irgendwo sei es besonders klar, gehe ich davon aus, daß ich die Klarheit dort erkannt habe. Sonst könnte ich das nicht behaupten. Es setzt voraus, daß ich wüßte, wo es klar ist und wo nicht. Aber die Wahrheit ist: Wir wissen gar nichts.

ॐ

**F.** Warum wird in all den Büchern und Lehren impliziert, daß man etwas tun könnte. Warum? Auch die anerkannten indischen Meister sagen das alle. Warum?

**K.** Aus Liebe.

**F.** Aber wenn wir eh keinen Einfluß darauf haben …

**K.** Woher weißt du das?

**F.** Du sagst immer, hier ist niemand.

**K.** Aber woher willst du das *wissen*. Nur weil ich es sage? Ist das deine *Erfahrung*? Wenn deine Erfahrung ist: Da ist niemand, dann hat es sich ohnehin erledigt. Ich weiß nicht, was in heiligen Schriften steht. Ein paar lese ich, aber ich kenne mich damit überhaupt nicht aus. Das ist doch alles nur Futter für den Verstand. Der will wissen, wissen, wissen.

Was für Meister? Das ist Bewußtsein. Bewußtsein, das geschrieben hat: Gib dich hin, meditiere, bete. Du glaubst doch nicht, daß das Personen geschrieben haben. Es ist Bewußtsein, das schreibt: Gib dich hin, es ist Bewußtsein, das schreibt: Du kannst es erreichen, und es ist Bewußtsein, das schreibt: Du kannst es nicht erreichen. Nichts davon ist besser, näher dran oder weiter entfernt.

Und wenn dir jemand sagt, du kannst nichts, absolut nichts dafür tun, ist das *nicht* näher dran, als bei jemandem, der sagt, du könntest irgend etwas tun. Das, was du bist, ist nicht bedingt durch irgendeine Klarheit. Deshalb ist es immer eine ganz *eigene* Erforschung, eine ganz *eigene* Wirklichkeit. Da hilft dir nichts, was irgend jemand irgendwann einmal gesagt hat. Glaube mir kein Wort.

## Gott an erste Stelle setzen

Das, was Gott an erste Stelle setzt, ist Gott selbst. Gott nicht an erste Stelle zu setzen, ist auch Gott selbst. Wir haben keine andere Wahl, als das zu sein, was wir sind.

Nebenan in der Kirche (am Ort des Retreats) ist heute Gottesdienst. Daneben ist ein Friedhof. Hier (im Satsang) wird auch etwas beerdigt. Diese Körper-Verstand-Mechanismen dort drüben wie die Körper-Verstand-Mechanismen hier sind gekommen, um den Kreis zu schließen und Gott an erste Stelle zu stellen. Solange da aber jemand ist, der das tut, ist das scheinbar nicht möglich. Solange da die Idee ist: *Ich* gehe in die Kirche oder in den Satsang, um von Gott etwas zu bekommen, ist der wesentliche Punkt verfehlt. In dem Moment, wo erkannt wird: Da ist niemand, bin ich das, was ich suche. Dann findet der Gottesdienst überall statt.

Am Anfang wollte ich das gar nicht Satsang nennen, eher Zusammensein. Und neulich kam mir die Idee: Gottesdienst. Das drückt natürlich viele Knöpfe für einige Programmierungen.

Da ist diese Geschichte vom verlorenen Sohn in der Bibel. Der geht hinaus in die Welt, erlebt alles, ist vollkommen mitgenommen vom Leben und müde. Dann hält er an. Er erinnert sich: Irgendwann war es nicht so in meinem Leben. Dann geht er wieder zurück, klopft an, und landet wieder dort, wo er losgegangen ist. Nichts anderes ist das hier. Der Kreis schließt sich. Wir kommen wieder da an, wo wir losgegangen sind. Wir brachen auf, weil wir das nicht haben wollten, was hier ist. Aber wir bekommen es wieder. Da ist keine Reise geschehen. Nur das Denken war unterwegs. DAS war immer hier. Deshalb ist nie etwas geschehen. Eine Illusion war auf Wegen, aber es war immer DAS.

Die Körper-Verstand-Mechanismen dort drüben in der Kirche haben nur einen Wunsch: Sich für ein paar Minuten zu vergessen: durch den Gesang, durch die Liebe in der Kirche. Das ist der Wunsch: Mach' mich zu Nichts. Das sollte eigentlich die Aufgabe der Kirche sein. Aber die meisten werden mehr in dieser Institution.

ॐ

**K.** Ein anderes Wort für Ernsthaftigkeit ist Aufrichtigkeit, oder: Gott an erste Stelle zu stellen. Ich sage auch gern dazu: Kleine Brötchen backen.

**F.** Das ist doch das Letzte. Kleine Brötchen backen, das ist das, was man uns immer erzählt hat. Die dort oben backen die großen Brötchen, wir da unten backen die kleinen.

**K.** Weißt du, wer die allerkleinsten Brötchen bäckt: Gott. Es gibt da einen Spruch aus der Bibel: Die Wahrheit ist so klein wie ein Senfkorn.

Es ist fantastisch: Auf meinem Balkon habe ich winzige Samen von Wiesenblumen gesät. Jetzt ist in dem Kasten eine richtige Wiese. Wundervolle Blumen. Was haben die Pflanzen für ihr Wachstum getan? Nichts, absolut nichts. Kein Ich-Gedanke: *Ich* werde größer als die anderen Pflanzen. Das gleiche wie ein Baby, das sich im Bettchen umdreht. Die Anstrengung geschieht. Keine Idee: Ich strenge mich an. Absolut genährt, getragen. Sogar wenn da eine Pflanze ist, die auf halbem Weg verkümmert, beschwert sie sich nicht.

Nur wir besitzen die Anmaßung, uns zu beschweren. Absolut herrlich, das gehört mit dazu. Aber sich darüber zu beschweren, daß man sich beschwert: Das macht die Sache kompliziert. Deshalb hat Krishnamurti gesagt: Bleiben sie ohne Konflikt.

Bei ganz einfachen Menschen hört man oft schöne Weisheiten. Ich finde es schön, kleine Brötchen zu backen.

ॐ

**F.** Seit gestern geht mir die Idee durch den Kopf, daß es eigentlich ein Wunder ist, daß wir uns als Ich empfinden. Diese Unermeßlichkeit, die Unmenge an Informationen, und dann die Möglichkeit, daß sich das Ich überhaupt erfahren kann. Ein Wunder.

**K.** Das ist schön formuliert. In dem Moment, wo du das erkennst, kannst du nur noch kleine Brötchen backen. Wir können nur Staunen. Wir ziehen los in die Welt, um das Rätsel zu lösen. Schließlich kommen wir zurück und lieben es, daß es keine Antwort gibt.

ॐ

**F.** Ich hatte gerade ein Bild: Es ist besser, die Stille des Ozeans zu sein als eine Welle.

**K.** Wo ist die Trennung zwischen Ozean und Welle? Wo hört der Ozean auf und wo beginnt er, Welle zu werden? Aber es ist ein scheinbarer Unterschied, ob ich meine, ich bin eine eigenständige Welle oder ob ich erkenne: Ich bin das Wasser.

In diesem Moment wird erkannt: Was *diese* Form füllt, füllt auch *jene* Form. Und dieses Erkennen kann man nicht bewirken. Wenn ich aber glaube, ich wäre eine Welle, bin ich nur damit beschäftigt, andere Wellen zu sehen, mich mit ihnen zu vergleichen.

Wenn ich als Welle hier hereinkomme, verfehle ich die Essenz. Da ist natürlich niemand, der die Wahl hat. Es ist nichts, was ich tun kann. Aber in dem Moment, wo Hören stattfindet, geschieht es. Und es ist kein Prozeß. Was hören soll, hört. Da sind wir wieder an dem Punkt, Gott an erste Stelle zu stellen.

ॐ

**F.** Du redest oft davon, Gott an erste Stelle zu stellen. Kannst Du dazu noch etwas sagen?

**K.** Hingabe. Das trifft nicht auf alle zu, was ich jetzt sage. Wir möchten probieren, mit dem Erwachen aus dem Drama herauszukommen, unsere schlechten Seiten loszuwerden, *uns* loszuwerden. Wir probieren das durch Sex, Drogen, Beziehungen, Therapie, Spiritualität, wenn wir ganz „fortgeschritten“ sind durch Satsang. Da geht es ja um die Essenz. Irgendwann geschieht Kapitulation, Sehen, daß es keinen Ausgang gibt. Das ist keine Kapitulation, die wir *machen* können.

Es ist wie ein Raum, von dem viele Zimmer abgehen. Du betrittst einen Raum nach dem anderen. Da ist es auch nicht, hier auch nicht. Ein Zimmer heißt Therapie, eines Meditation. Du grast alles ab. Und irgendwann, wenn die Gnade es will, hält es an, und du bleibst in der Mitte stehen. Das meine ich mit „Gott an erste Stelle stellen“. Es meint nicht, Gott hinzuzufügen, sondern es offenbart sich im Anhalten von etwas Größerem, einer höheren Macht. Unter „höherer Macht“ verstehe ich DAS. Du hältst für DAS an. Da ist natürlich niemand, der anhält. Es ist das, was jetzt geschieht. Keine Lust, noch eine Tür zu öffnen: Jetzt bleibe ich hier.

## Selbst-Genuß

Es ist eine so kostbare Aussage: „Ich genieße es einfach, hier zu sein." Das ist die Chance, zu erfahren, daß der Genuß das ist, was du *bist*, das „Ich Bin". Der Genuß deiner eigenen Existenz. Und dieser Genuß ist endlos, diese Liebe, diese Hingabe. Wir sind so verliebt in uns.

Es ist immer Bewußtsein, das mit Bewußtsein spricht, wenn ich sage: Wir sind verliebt in uns. Natürlich meine ich keine Personen. Das Sein an sich ist Liebe. Wie ein Baby, das daliegt und sich einfach des Daseins freut. Es sagt nicht: Ich genieße es, *weil* ... das Fläschchen gerade so gut war. Es *Ist* einfach. Und genießt diese Einfachheit.

DAS hat etwas mit Berührbarkeit zu tun, mit Hilflosigkeit, mit Ausgeliefertsein. Weichheit. All diese schönen Dinge, die du auch mit Erleuchtung nicht los wirst. Schön, daß du hier bist. Schön, daß du *bist*. Deine eigene Existenz ist völlig genug. Wenn du dich in deine eigene Existenz verliebst, und es kommt jemand und bietet dir Erleuchtung an, dann sagst du: Nein, danke, was soll ich damit?

Erleuchtung kommt und geht. Das, was ich bin, kommt und geht nicht. Alles, was gegeben werden kann, kommt und geht. Aber deine Anwesenheit wirst du nicht los. Das gilt es wertzuschätzen. Und es geht nicht um irgendein Tun oder gar um eine Technik.

Dennoch geschieht es, wenn Bewußtsein sich einmal geschmeckt hat. Dann hat die Person verloren. In diesem Verweilen, in dieser Hingabe, wird sich der, der sich hingibt, auflösen – wenn es so sein soll.

Diese Trennung, daß es jemanden gäbe, der sich hingibt oder im „Ich Bin" verweilt, geschieht im Traum. Und wenn der Tiger (Kopf im Rachen des Tigers – nach Ramesh Balsekar) zuschnappt, dann ist der, der dieses Zuschnappen erleben könnte, verschwunden. Aber glaube nicht, daß du dann angekommen bist.

## Schuld, Stolz und Scham fallen weg

Worüber hier gesprochen wird, ist radikal. Das komplette Konstrukt von Verantwortung, Schuld, Stolz fällt einfach weg. Das kann alles nur auf den Ich-Gedanken aufbauen. Und: Schuldlos zu werden, sind einige bereit, aber ohne Stolz zu sein, nicht unbedingt.

ॐ

**F.** Nach dem Satsang geht es mir meist sehr gut, ich bin klar. Aber dann wird oft etwas hochgespült. Mein Drama scheint dann noch intensiver. Früher hätte ich gesagt: Etwas ist mir nicht bekommen. Jetzt weiß ich irgendwie, daß es gut ist. Ich sehe bewußter, was ich da eigentlich mache.

**K.** Schön. Da gibt es das Bild vom Wasserkrug: Unten, am Boden, befinden sich Dreck und Schlamm. Gießt man oben frisches Wasser hinein, wird alles aufgewirbelt. Der ganze Dreck von unten kommt nach oben.

Therapien dienen überwiegend dazu, mit dem Dreck leben zu können. Wenn frisches Wasser zufließt und es aufgewirbelt wird, dann über den Rand fließt, siehst du all den Dreck noch einmal deutlich. In diesem Licht hat die Person keine Chance. Es ist in diesem Moment auch vollkommen klar: Dieser ganze Müll, das bist nicht du.

Und in diesem Bewußtsein stirbt es. Das ist deine Einladung. Bei jemand anderem kann es anders sein. Und wenn du glaubst, es kommt nichts mehr, kommt zu hundert Prozent noch etwas. Wunderbar ist es, wenn du dich nicht wehrst und es nicht als falsch ansiehst, was da geschieht.

Letztendlich löst sich der Krug auf, das Wasser darin und der Dreck. Das was wir sind, hat nichts mit dem Krug zu tun oder mit dem Inhalt. Ein Krug mit sauberem, klarem Wasser ist absolut nicht besser oder schlechter als einer, in dem sich Schlamm befindet.

## Eine andere Art von Mitgefühl

**F.** Manchmal habe ich so ein Sendungsbewußtsein. Ich möchte anderen gern erklären, was ich glaube zu verstehen.

**K.** Das Schwierige daran ist, daß es gar keine anderen gibt. Wem willst du da etwas vermitteln? Es gibt immer Leute, die meinen, sie gäben anderen etwas. Welchen anderen?

**F.** Ich denke aber, viele laufen herum wie Schlafwandler.

**K.** Da will ich einen ganz klassischen Spruch benutzen: „Alles hat Buddha-Natur." Alles ist erwacht. Der tiefste Schlaf erscheint im Erwachen. Das ist der Verstand, der einteilt zwischen: Da sind Erwachte, da sind Unerwachte. Womöglich noch: *Ich* ermögliche es, daß andere aufwachen. Hast du dich schon als Weltretter gesehen?

**F.** (Lacht) Ja.

**K.** Da bleibt gar nichts übrig. Deshalb sage ich immer wieder: Nehmt, wie Ramesh es vorschlägt, wenn die Wahl zwischen Erleuchtung und einer Million Dollar steht, die Million. Für die Person bleibt gar nichts. Du kannst es noch nicht einmal weitergeben. Du kannst es nicht als Objekt benutzen, um jemandem zu helfen.

Als Ramana gefragt wurde, was man tun könnte, um das Leiden in der Welt zu mindern, sagte er: „Schauen Sie zunächst einmal, ob Sie leiden. Und wenn da niemand ist, gibt es auch keinen anderen, der leiden könnte." Das hört sich sehr provokativ an. Es geht hier nicht darum, das scheinbar zu mißbrauchen, um ohne Mitgefühl zu sein. In der Abwesenheit der Person *liegt* Mitgefühl. Das äußert sich jedoch bestimmt nicht im Helfersyndrom. Es ist eine Art von Mitgefühl, die aus dem Sehen entspringt, daß niemand anders handeln könnte, als er es tut.

Als ich in der Tierrechtsarbeit aktiv war, habe ich Angler angegriffen. 99 Prozent der Leute im Tierrecht waren sehr offen und berührbar, was Tiere anbelangt. Sie haben eine wahnsinnige Arbeit geleistet. Zwischenmenschlich war da oft wenig Mitgefühl. Völlig fixiert, vegan zu essen, Tierrecht und so weiter. In anderen Bereichen waren viele recht unachtsam. Dem Fisch gegenüber scheinbar vollkommen liebevoll, dem Angler gegenüber scheinbar voller Haß.

Ich denke, jeder hier hat auf irgendeine Art versucht, die Welt zu verbessern. Manch einer eher bescheiden, andere vielleicht massiv.

Nisargadatta hat gesagt: „Erkennen Sie, daß die Welt in Ihnen ist, nicht Sie in der Welt." Wie lustig, etwas korrigieren zu wollen, was ich selbst entwerfe. Und: Mitgefühl ist unsere Natur. In diesem Raum ist soviel Mitgefühl.

ॐ

**F.** Geht es auf dem sogenannten spirituellen Weg nicht um Mitgefühl, um Helfen?

**K.** Solange es jemanden gibt, ist die Idee da, daß da jemand wäre, der Hilfe bräuchte. Die Idee von „Helfen" gibt es nur mit dem Ich. Das Ego hilft nur, um sich besser zu fühlen und um existieren zu können. Aber wem sollte geholfen werden? Da ist niemand, der Hilfe bräuchte, weil DAS schon absolut vollkommen ist.

**F.** Aber um das zu erkennen sollte man vielleicht helfen?

**K.** Das ist es schon. Diese Form, die da auf dem Stuhl sitzt, die meint, DAS nicht zu kennen. Das ist das Eine. Nichts kann außerhalb der Einheit geschehen. Ob du DAS erkennst oder nicht erkennst, verändert überhaupt nicht das Eine. Das Eine drückt sich in dem Erkennen aus und in dem Nichterkennen. Deshalb bist du schon DAS.

Wenn es etwas zu erkennen gäbe, wäre es eine Objekt, das zu erreichen wäre. Aber das, um das es hier geht, ist so bedingungslos. Dazu mußt du nichts erkennen. Dieses Kopfschütteln, diese Gedanken, die da erscheinen, diese Handbewegungen, das ist der einmalige Ausdruck der Quelle. Nichts könnte anders sein, nichts. Da ist niemand, der die Wahl hat, ob er jetzt die Hand so hält oder so, ob er diese Frage stellt oder eine andere. Ob er hierher fährt oder dorthin. Das ist ein Ablauf. Das bist du schon. Da ist die Idee, es gäbe eine eigenständige Person, die etwas macht, die etwas erkennen könnte. Aber da ist niemand.

**F.** Aber das Erkennen, daß es keine eigenständige Person gibt, geschieht doch?

**K.** Die, die das erkennen können, sind scheinbare Personen. Und wie sollte eine *scheinbare* Person etwas erkennen. Wie Nisargadatta sagt: Die Diskussion über Erkennen ist genauso, wie sich über ein Kind einer unfruchtbaren Frau zu unterhalten.

**F.** Dann kann man sich die ganzen Fragen doch sparen.

**K.** Welcome in the Club. Absolut. Und dennoch ist da niemand, der sich das sparen könnte. Es geschieht. Es ist das gleiche, ob sich das jemand erspart oder nicht. Wir sind nie herausgefallen aus der Einheit. Und jeder, der sagt, er sei in die Einheit gelangt durch irgendeine Technik oder Nicht-Technik, der irrt sich.

Weil es nicht zu erreichen ist. Weil du DAS bist. Und es gibt natürlich Leute, die aus Mitgefühl anderen vermitteln: Es gibt einen Weg. Nur damit die Leute erkennen: Es gibt keinen. Jeder scheinbare Zen-Meister sagt: Meditiere, meditiere, meditiere. Nur damit du das Meditieren sein läßt, damit du erkennst, daß du es dadurch auch nicht erreichst.

# Exkurs

In diesem Spiel ist der Wunsch so verführerisch, bewußt zu werden. Aber solange da *jemand* ist, der bewußt werden möchte, kann DAS nicht direkt erfaßt werden.

Bewußtsein definiert sich nicht. Im Absoluten erscheint das „Ich Bin", und das „Ich Bin" verliert sich in der Person, glaubt, eine Person zu sein. Dann löst sich das „Ich Bin" von der Person, indem es z. B. Leid aufdeckt, Muster erkennt, immer freier wird. Und es ist so verführerisch, an diesem Punkt zu glauben, daß das, was sich losgelöst hat, das ist, was du bist. Aber es ist schon die erste Erscheinung. Dieses „Ich Bin" an sich ist schon die erste Erscheinung. Es ist kein „Zustand", wo du dann sagen könntest: So, jetzt bin ich nicht mehr.

In diesem Setting, darauf vertraue ich, hat bei den meisten Leuten das Loslösen von der Person schon längst stattgefunden. Es ist erkannt worden, daß du nicht das Leid bist, nicht die Muster, die Gefühle und die Gedanken. Aber das Aufdecken kann endlos gehen. Deshalb bin ich für die Abkürzung: Das spontane Erkennen – wenn es geschehen soll –, daß das, was aufdecken möchte an sich schon unwirklich ist. Das meint es, wenn Ramana sagt: „Den Zahn an der Wurzel ziehen." Das ganze Konstrukt fällt zusammen. Solange jemand da ist, der Interesse daran hat, Leid aufzulösen, sich dadurch auszudehnen, geht das Spiel weiter.

Die meisten Sucher glauben, sie bekämen etwas. Aber durch das Erkennen, daß du *nichts* bist, bekommst du nichts. Jeder Suchende, der hierherkommt, hat im Grunde nur einen Wunsch: Mach mich zu Nichts, nimm mir auch das letzte Konzept, nimm mir die Idee, daß ich bin. Natürlich gibt Bewußtsein vor, hier etwas bekommen zu wollen. Und wenn das Ego wüßte, worauf es sich einläßt, würde es ganz sicher nicht kommen. Es hat die Hoffnung, mehr zu werden. Dabei verlierst du alles.

Viele lehren, und auch das ist absolut vollkommen, du seiest Bewußtsein. Das ist das, was man Erwachen nennen kann. Aber das eigentliche Erkennen ist: Du bist *nichts, nicht einmal mehr Bewußtsein*. Du definierst dich nicht mehr. Du bist nichts.

Das Erkennen geschieht in zwei Stufen. In der ersten Stufe wird erkannt: Ich bin Bewußtsein. Das ist herrlich, dann beginnt der Kitzel des Suchens, die Sehnsucht, sich zu erinnern. Das Bewußtsein möchte sich ausdehnen, erweitern. In der zweiten Stufe kann das Erkennen stattfinden: Es gibt nur Bewußtsein. Und auch das ist nur ein Konzept.

Solange jemand meint, er sei Bewußtsein, wird er immer Leute sehen, die weniger bewußt sind, mehr leiden, und diese Leute kann dann der „Bewußte" weiter ins Bewußtsein führen. Aber das Erkennen: Es gibt nur Bewußtsein, ist die absolute Liebe. Dann kannst du niemanden mehr irgendwohin führen. Weil es immer das ist, was ist. Solange sich jemand als suchend definiert, kannst du ihn natürlich irgendwo hinführen. Das gehört alles mit zum Spiel, zum Tanz der Existenz.

ॐ

Dieses Fallen ist kein Tun, es ist ein direktes Erfahren. Aber das macht dich völlig überflüssig. Deine ganze Suche, deine ganzen Bücher, deine ganze Bewußtseinserweiterung sind völlig nichtig gewesen. Es kommt der Punkt, da mußt du alles über Bord werfen. Da war nie jemand. Daß *du* Bewußtsein warst, was gesucht hat, ist unwirklich. Es gab immer nur Bewußtsein.

Dieses Erkennen ist vollkommen demütig. Du läßt alles weiter laufen. Alles wird lediglich als Erscheinung erkannt. Der Körper ist eine Erscheinung, das Bewußtsein, in dem er erscheint, ist ebenfalls nur eine Erscheinung. Wenn dieses sogenannte Erwachen geschehen sollte, und irgend etwas wäre danach anders, dann wäre es ein Trip. Wenn – wie in dieser Zen-Geschichte – bei dem Arbeiter auf dem Feld intuitives Erfassen geschieht, wirft er die Arbeit nicht hin, sondern arbeitet still weiter. Nur ein: „Aha, so ist es also."

Er akzeptiert den Platz, an den Gott ihn gestellt hat. Bedingungslos. In einer solchen Akzeptanz, in der auch die Rolle als Sucher akzeptiert wird, hat der Sucher keine Überlebenschance. Ohne Botschaft, ohne Ziel, ohne Weg. Und dennoch wird alles erscheinen.

Wenn du dir Gedanken über den Tod machst, was ab einem gewissen Alter für jeden ansteht, dann wird dich dieses Verstehen nicht davon befreien. Wenn es dich davon befreien würde, hättest du einen Vorteil gegenüber anderen: „Ich bin befreit, du noch nicht." Das ist Arroganz. Und das Erkennen ist demütig: Du erkennst dich im Marktarbeiter genauso wieder wie in Ramana Maharshi.

Deshalb kann ich hier keine „Tips" geben. Das könnte ich nur, wenn ich im Vorteil wäre. Aber ich bin es nicht, ich bin im absoluten Nachteil. Ich weiß nie, wie es zu machen ist. Keine Ahnung. Jeder Moment neu, wie ein Ochse vor dem Berg.

Du entkommst nicht, du wirst immer das sein, was du bist.

Die Leute, die hierherkommen, bei denen wurde erkannt – in diesem Spiel – daß es kein Entkommen gibt. Auch nicht mit Erleuchtung. Dann bleibt nur noch DAS zurück. Und damit DAS geschätzt werden kann, muß erst einmal eine enorme Anstrengung geschehen sein, herauszukommen. Und wenn du dich so angestrengt hast, kann Kapitulation geschehen.

Du findest das, von dem du wegwolltest. Du hast dich nie bewegt. Nur Gedanken haben sich auf die Reise begeben.

Das ist mit der Aussage gemeint: Der Weise verweilt vor dem Wunsch nach Erleuchtung. Nur der Narr glaubt, er käme mit Erleuchtung heraus. Es gibt keinen Ausgang. Es ist das, was es ist. Solange du glaubst, Erleuchtung könnte dich heraus bringen, bist du jemand, und du hast ein Ziel. Erleuchtung ist jedoch das Erkennen: Nichts existiert. Es gibt keinen Raum und keine Zeit. Trotzdem erscheint hier 10 Uhr, völlig klar. Leere und Form sind Eines. Obwohl hier nichts ist, ist alles.

Was für ein Genuß, was für ein Wunder. Während wir Erleuchtung suchen, übersehen wir dieses Wunder, einfach nur zu sein und dieses einfache Sein in jedem Augenblick neu zu erfahren.

*Halte dich nicht an Worten fest.*
*Es sind nicht die Worte.*

*Das Wesentliche vermittelt sich jenseits der Worte*
*und auf Wegen, die allein die Existenz kennt.*

## Ein Satsang – Berlin, 17. 11. 2005

**K.** Wunderschön, daß ihr hier seid.

Ich habe heute mittag einen Anruf bekommen, von einer Frau, die meint, in einem Erwachensprozeß zu sein. So etwas gibt es nicht. Aber es scheint so, und deshalb gibt es das doch. Sie sei völlig hilflos und verzweifelt. Sie sucht die Akzeptanz dieses Zustandes, denn – so sagte sie – wenn sie es akzeptieren kann, dann weiß sie, daß es gut wird.

Das ist heiliger Bullshit. Es sind weitere Konzepte, die euch weis machen wollen, daß ihr so, wie ihr seid, nicht vollkommen seid.

**F.** Ich war gestern bei einem Satsang, da wurde mir genau das Gegenteil verkauft.

**K.** Ich möchte dir überhaupt nichts verkaufen, weil hier niemand irgend etwas braucht. So wie es ist, ist es absolut vollkommen. Und das macht den Job (weist auf sich) und den Job (weist auf die Satsangbesucher) völlig überflüssig. Es ist, was es ist. Es muß nichts transzendiert werden, nichts muß akzeptiert werden oder erleuchtet, um das zu sein, was es ist. Im Gegenteil. Alles Tun, jede Idee unterstützt eigentlich nur den Glauben, daß da jemand wäre, der gebunden ist.

All diese Konzepte spiegeln das Papa-Mama-Konzept. Die Eltern waren gewöhnlich die ersten, die dir vermittelten, was mit dir nicht in Ordnung ist. Mama hat gesagt: Nur wenn du dir die Zähne immer putzt, nur wenn du dich auch hinter den Ohren wäschst, nur wenn du eine gute Ausbildung machst, nur wenn du einen guten Mann oder eine gute Frau findest, dann bist du endlich vollkommen.

Dann kommt irgendwann der spirituelle Papa/Lehrer und verkündet: Nur wenn du diese oder jene Übung tust, dann wirst du endlich frei. Und das geht weiter. Selbst auf dem Sterbebett wird dir noch jemand erklären, wie du es „machen" mußt: Du kannst erst richtig sterben, wenn du losläßt.

Sogar für das Sterben gibt es noch Bedingungen. Aber DAS ist vollkommen frei, dafür muß nichts getan werden. Absolut nichts. Und zwar, weil es überhaupt nicht die Möglichkeit gibt, daß irgend etwas anders sein könnte als es ist. Es ist vollkommen vergeblich, dich anders haben zu wollen, als du gerade bist.

Aber wir lieben perfekte Bilder von Heiligen. Und du wirst nie so heilig werden, nie. Du wirst immer unheilig abschneiden in dem Vergleich mit ihnen.

Am Ende des Telefonates hat sich die Person bedankt: Danke, jetzt kann ich wieder akzeptieren. Aber das ist keine wirkliche Akzeptanz, wenn sie gebunden ist an ein Telefonat, an jemanden, der daran erinnert. Zwar ist dann der Verstand beruhigt, und man befindet sich wieder auf einem Level, das zu managen ist. Aber es hat mit wirklicher Akzeptanz nichts zu tun.

Dazu gibt es die schöne Geschichte von den Spuren im Sand: Ein Mann betrachtet am Ende seines Lebens seine Fußspuren und sieht daneben die Fußspuren Gottes, der immer mit ihm war. Zu jenen Zeiten, wo es für ihn am schwersten war, erscheinen aber nur seine Spuren. Verzweifelt klagt er Gott an: Warum hast du mich in meinen schwersten Stunden allein gelassen? Gott antwortet: Ich habe dich nie allein gelassen. In diesen Stunden habe ich dich getragen, deshalb siehst du nur *meine* Spuren.

Genauso ist es mit der Akzeptanz: In den Zeiten, wo du überhaupt nicht akzeptieren kannst, wirst du von DER AKZEPTANZ, die du nicht wahrnimmst, getragen. Und diese Akzeptanz braucht nicht deine Bestätigung. Das ist der bedingungslose Frieden daran. Im größten Kampf bist du aufgehoben.

Selbsterkenntnis könnte, wenn man in diesem Bild bleibt – was natürlich auch nur ein Konzept ist – bedeuten, daß du erkennst, daß du Gott bist. Nicht im Sinne von Größenwahn, sondern als das Erkennen, daß DAS, was du bist, die Person trägt und hervorbringt – nicht umgekehrt.

Gibt es dazu eine Frage? L., du hörst dir das hier schon so lange an. Hat das irgend etwas bei dir verändert? Bitte keine advaitisch korrekte Antwort.

**F.** Zeitweise war ich in Verwirrung, dann wieder sehr erleichtert. Vielleicht, weil ich ein Konzept aus dem Gehörten gemacht hatte. Denn einige Aussagen kann man tatsächlich wie eine Übung benutzen. Ich lese z. B. Tony Parsons Buch mit großem Genuß. Da brauche ich nur ein oder zwei Seiten, dann läuft alles wieder wie von selbst.

**K.** Weil die Kernaussage ist: Es gibt niemanden. Es gibt keinen getrennten Handelnden. Allein das intellektuelle Verstehen dessen wird das Leben schon leichter machen. Es ist wichtig, das erst einmal als Konzept intellektuell zu verstehen. Nicht als Bedingung, für jeden. Aber wenn es bei dir so ist, scheint es eine Einladung für dich zu sein.

**F.** Ich bin völlig einverstanden mit dem, was du sagst. Aber an dem Punkt, wo du meintest: Das was ich *bin*, trägt die Person, kann ich nicht folgen. Das kann ich nicht vollkommen verstehen. *Was* ist es, das die Person trägt?

**K.** Wenn ich das wüßte, könnte ich es vermitteln. Aber ich weiß es nicht. Es ist ganz einfach. Gott trägt dich. Und Gott ist nicht zu verstehen. Es ist nur zu erfahren, was du nicht bist. Nicht die Person und nicht die Anwesenheit (auch Bewußtsein genannt), die die Person wahrnimmt.

Das Erkennen, daß du nicht die Person bist, geht relativ schnell: Person kommt und geht, Gedanken und Gefühle kommen und gehen. Und während das geschieht, bist du noch da. Dieses Erkennen der *Anwesenheit*, des Beobachters, wird oft als Realisation verkauft. Aber das, was anwesend ist, kann nicht das sein, was du bist. Weil das, was du bist, überhaupt nicht objektivierbar ist. Und auch wenn es als nicht objektivierbar erkannt wird, bleibt etwas übrig. Solange etwas übrig bleibt, braucht es jemanden, der wahrnimmt, daß etwas übrig bleibt.

Nisargadatta sagt: Erkennen Sie, daß Sie nicht die Person sind, dann, daß Sie nicht der sind, der wahrnimmt, daß Sie nicht die Person sind.

**F.** Ja, für das, was du sagst, bin ich sehr empfänglich. Dann stellt sich doch die Frage nach Erwachen nicht andauernd. Vor ein paar Tagen war ich bei einem Lehrer, der sagte: Natürlich gibt es Erwachen, natürlich gibt es einen Weg dorthin, er könne auf dem Weg unterstützen. Als ich ging, fragte ich mich andauernd: Stimmt mit mir jetzt etwas nicht oder mit ihm? Irgendwie fand ich das ziemlich zum Kotzen.

**K.** Die Idee ist, daß du dorthin gegangen bist und dort jemanden vorfandest, der das vermittelt hat. Aber da ist niemand. Es gibt nur Bewußtsein. Da gibt es kein Richtig oder Falsch. Es gibt Dinge in dem Spiel, die dich aufregen, die du völlig zum Kotzen findest. Mit mir kannst du wunderbar kotzen, ich habe nicht den Anspruch, nichts zum Kotzen zu finden. Trotzdem ist es so, daß da niemand ist: Bewußtsein, das abkotzt. Da gibt es auch keinen Schuldigen, jemanden, der etwas richtig oder falsch machen könnte.

Wenn das realisiert wurde, wird es völlig egal, was jemand erzählt. Höre nie auf die Worte und was dir jemand erzählt: Auch wenn dir jemand erzählt, du könntest etwas tun, bedeutet es nicht, daß bei ihm nicht Realisation stattgefunden hat. Im Moment der Realisation wird erkannt, daß du nicht der Körper bist. Deshalb wirst du am Körper oder in Aussagen oder in Lehren nie Beweise finden können. Jeder sogenannte Erwachte wird immer darauf verweisen, daß er nicht der Körper ist.

**F.** Wenn der Lehrer, von dem gerade die Rede war, aber noch Körpertherapie anbietet und damit das Bewußtsein vom Körper noch stärkt, dann ist das doch aber irreführend. Er verstärkt dann die Illusion. Das ist doch ein Widerspruch.

**K.** Ja. Das ist, solange du dich als Person siehst, ein Widerspruch. Aber wenn erkannt wurde, daß du nicht der Körper bist, dann wird akzeptiert, an welchem Platz der Körper sich befindet. Die Realisation stellt nicht die Bedingung: Du kannst erst realisieren, wenn du nicht mehr mit dem Körper arbeitest. Das wäre bedingt. Die Realisation ist jedoch die Auslöschung der Identifikation mit dem Körper. Deshalb ist jegliches Eingreifen auf der Körperebene zum Scheitern verurteilt.

**F.** Dann führt uns dieser Lehrer aber *doch* in die Irre.

**K.** Ich weiß es nicht. Es gibt auch viele sogenannte Lehrer, die Advaita vermitteln. Und Advaita ist auch nur ein Konzept. Das alles ist müßig. Was „hier“ erfahren wurde ist, daß es nichts zu lehren gibt. Absolut nichts. Daß es Eines ist. Keine Trennung. Und in dieser Einheit ist auch enthalten, daß da jemand am Körper arbeitet.

**F.** Dann ist es auch o. k., das *nicht* o. k. zu finden. (Lachen)

**K.** Absolut.

**F.** Das ist eben mein Traum. Da passiert Hingehen zu dem Lehrer, der Körperarbeit macht.

**K.** Das ist nicht *dein* Traum. Du bist der größte Traumtänzer. Du bist die Hauptrolle im Traum. (Lachen) Du bist genauso geträumt wie dieser Lehrer.

Es ist nicht *dein* Traum. *Ein* Traum. Aber er gehört niemandem. Und Traum ist auch nur ein Konzept.

Es macht absolut keinen Unterschied, ob du bei diesem Lehrer hockst oder hier. Weil da niemand die Wahl hat, wo er sitzt. Es würde nur einen Unterschied machen, wenn du glaubtest, du wärst der Körper. Dann kommst du mit dem Konzept: Hier ist es klarer. Dann mußt *du* es überprüfen. Alles Verstand. Es gibt nicht klar und unklar. Es ist immer absolut vollkommen – auch wenn es völlig unvollkommen ist.

Und ich will nichts von irgend jemandem hier. Mir ist es egal, ob ich klar bin oder nicht, ob das Gesagte gut gefunden wird oder nicht, ob jemand wiederkommt oder nicht oder ob jemand irgend etwas erkennt oder nicht.

**F.** Warum sitzt du dann dort vorn?

**K.** Es ist ganz simpel. Bewußtsein erfährt sich durch Dualität, durch hell und dunkel, oben und unten. Durch scheinbar Suchende und scheinbare Personen, die etwas „gefunden" haben. So findet das Spiel statt. Nur so kann Manifestation geschehen. Sonst könnte diese Szene nicht erscheinen, wenn nicht jeder seine Rolle darin hätte. Auf dem Filmplakat steht: Satsang. Und jeder Körper hat seine Rolle, mit diversen eigenen Nebenfilmen.

Hier ist niemand. Bewußtsein spricht mit Bewußtsein. Für den Verstand hört sich das merkwürdig an. Er versucht, es sich vorzustellen und fragt sich: Was ist „niemand"? Wie fühlt es sich an, „niemand" zu sein? Da sind doch aber Personen? Ich kann sie doch sehen!

Die Aussage: Hier sitzt niemand, bezieht sich darauf, daß DAS niemandem gehört. Daß DAS ein unpersönlicher Ablauf ist. Folglich habe ich gar keinen Einfluß darauf, ob ich hier sitze. Es ist, was es ist. Dieser Körper kommt her, setzt sich, redet. Du fragst doch auch nicht die Bäckereiverkäuferin: Warum stehen sie hier und verkaufen Brötchen? Aber im Satsang müßte ja mehr herausspringen. Ich weiß auch nicht, warum das Auto gerade vorbeifährt. DAS verfolgt keine Absicht.

**F.** Warum muß diese Szene ablaufen?

**K.** Warum nicht? Weil wir es lieben zu existieren. Weil das Liebe ist. Alles. Satsang genauso wie das vorbeifahrende Auto. Diese ganze Bewegung ist Liebe. Und trotzdem sind diese ganze Liebe und das Sein schon *an sich* unwirklich, sind schon die erste Erscheinung. – Das sind alles Konzepte. Ich weiß es gar nicht. Es ist, wie es ist, und es ist herrlich.

Diese Fragen: Warum bin ich hier. Warum, warum, warum. Warum nicht?

**F.** Alle Bedeutungen und Motive sind nur Ideen im Verstand?

**K.** Natürlich.

**F.** Alles? Das ganze Universum?

**K.** Alles. – Ich kenne mich nicht aus mit Universen.

**F.** Aber es ist doch auch wieder vollkommen in seiner Bedeutungslosigkeit.

**K.** Die Bedeutung ist Bedeutungslosigkeit. Und die Bindung besteht in dem Wunsch, wissen zu wollen, warum. Der Versuch, bewußt zu werden, der Versuch herauszufinden, wer du bist: Das ist die Bindung. Du wirst nie herausfinden, was du bist, denn du bist, was du bist. Auf die Frage: Wer bin ich, gibt es keine Antwort. Und im tiefen Akzeptieren, daß es keine Antwort gibt, wird dir die Antwort dermaßen um die Ohren gehauen, daß die Person überhaupt keine Chance mehr hat.

(Lacht – spricht scherzhaft-pathetisch) Die Wahrheit zerstört mich. Ich gebe mich der Wahrheit hin. Jetzt bin *ich* eine aufgelöste Person. *Mich* gibt es nicht mehr.

Wenn versucht wird, all das intellektuell zu verstehen, ist es völlig frustrierend. Deshalb ist das sogenannte Erwachen *ein* Moment der Erkenntnis – ohne je abgeschlossen zu sein. Und ich muß sagen: Es ist völlig unerheblich, ob dieser Moment stattfindet oder nicht. Kein Vorteil. Es ist die Nüchternheit und das Demütige daran, daß du das bist, was du bist. Daran kann kein Erwachen oder Erkennen etwas verändern.

**F.** Trotzdem ist es doch ein Vorteil, das zu erkennen. Wenn ich es nicht erkenne, kann ich auch nicht, wie Ramesh es vorschlägt, sagen: Wen kümmert's. Das wäre für mich dann einfach eine Lüge.

**K.** Ja. Absolut. Und angenommen, es würde bei „dir" Selbsterkenntnis stattfinden, dann würde genau das so weiterlaufen. Und deshalb springt nichts heraus. Es wird nur erkannt: Du bist nicht der Körper. Und der Körper läuft dann irgendwann ins Leere.

**F.** Gibt es eine Richtung zwischen den verschiedenen Zuständen Wach, Traum, Tiefschlaf und dem sogenannten vierten Zustand? Deutet eine Veränderung im Erleben eines dieser Zustände auf den vierten Zustand?

**K.** Die ersten drei Zustände haben in diesem Spiel alle ihre eigene Qualität. Der Wachzustand scheint völlig real und kehrt immer wieder. Der Tiefschlaf scheint absolut leer, seiner selbst nicht gewahr. Der Traum ist flüchtig, veränderlich. Diese drei Zustände wechseln einander ab *innerhalb* des vierten Zustandes, in dem, was wir „sind". Wenn der vierte Zustand sich realisiert, wird sich deshalb keiner der drei anderen Zustände verändern. DAS, was du bist, wird sich deshalb in keiner Weise verändern, weder im Wachen, im Tiefschlaf noch im Traum. Es gibt nur *einen* „Zustand".

**F.** Es kann also innerhalb der Zeit einen Punkt geben, wo erkannt wird, daß das hier nur ein Traum ist?

**K.** Das ist das erste „Erkennen". Das Entscheidende ist jedoch, daß der Träumer selbst nicht real ist. Der, der erkennt, daß er nicht der Körper ist, ist selbst im Traum. Dieses Erleben des „Erkennens" findet im Wachzustand statt. Aber im Tiefschlaf ist es vollkommen verschwunden. Somit hat der Wachzustand, und was dort erkannt wird, überhaupt keine Bedeutung. Alles, was hier erfahren, erkannt und erlebt wird, ist niemals das, was wir sind. Es findet nur in einer Periode statt, nämlich im Wachzustand. Doch das, was wir sind, ist jenseits der drei Zustände Wachsein, Tiefschlaf, Traum, die einander abwechseln.

Natürlich kann im Traum „Wachzustand" viel realisiert werden. Und das wird dann anderen Träumern vermittelt. Aber im eigentlichen Erkennen werden alle Zustände transzendiert. Dann bist „du" *vor* Wachzustand, Tiefschlaf und Traum.

Man könnte sagen, das „Ich Bin" ist *innerhalb* des Wachzustandes das Tor: Zu erkennen, daß man nicht die Person, sondern die Anwesenheit ist. Aber die Anwesenheit im Wachzustand ist bereits die erste Illusion. Du bist niemals aufgewacht heute morgen. Niemand ist aufgewacht, niemand ging schlafen.

**F.** So gesehen hat es doch seine Berechtigung, daß Lehrer einen bis an das Tor bringen, bis zum Erwachen.

**K.** Das sind Konzepte. Es gibt nur einen Zustand. Es gibt nur Bewußtsein. Es gibt kein Tor, es gibt kein „von A nach B", niemanden, den man näher heranbringen könnte.

**F.** Aber für den scheinbar Identifizierten kann es doch einen scheinbaren Weg geben, um sich nicht mehr zu identifizieren?

**K.** Ja, natürlich. Das ist das, was man auch Meditation nennt. Aber es ist kein Hinweis darauf, daß sich das Nicht-Sein offenbart.

**F.** Genau.

**K.** Es kann genauso ein Hinweis sein, wie wenn sich jemand mit Nivea eincremt. Es gibt keine Garantie. Das ist der „Moment", wo der Kopf im Rachen des Tigers (Bild von Ramesh) hängt. Ob der Tiger zuschnappt oder nicht, dafür gibt es keine Regel und keine Garantie. – Das sind alles Konzepte. Es gibt überhaupt gar nichts zu tun. Es ist ein Unfall, dieses Erwachen, wenn es geschieht, dieses „Nicht-Geschehen".

**F.** Passiert Erwachen nicht meistens bei Leuten, die vorher scheinbar gesucht haben?

**K.** Es gibt niemanden, der nicht sucht. Suchen ist Zeit und Raum. Wenn das Kind geboren ist, sucht es die Brust der Mutter. Da geht der Trouble los. Bewußtsein manifestiert sich in Zeit und Raum, damit DAS stattfinden kann. In Anfang und Ende der Suche, in Bewegung. Sonst würde das Spiel nicht stattfinden.

Ich bin, was ich bin, auch wenn ich nicht bin. Somit ist es völlig egal, ob die Person wegfällt oder nicht. Das ist völlig unerheblich.

Nisargadatta hat so wunderbar formuliert: „Erkennen Sie die Unwirklichkeit Ihres Seins." Es gibt auch herrliche Zen-Geschichten zur Einfachheit dieses sogenannten Erkennens: Bauern arbeiten auf dem Feld; Erkennen findet statt, es folgt ein lapidares „Aha", dann wird weitergearbeitet. – Aber die Heiligen-Geschichten hört das Ego natürlich viel lieber: Dann hat es „Peng" gemacht, es wurde ganz hell (lacht). Aber wenn es ganz einfach war, nur ein ganz einfaches „Ach so", das verkauft sich nicht gut. Das wollen die Leute nicht hören.

Und Bewußtsein läßt sich etwas einfallen, um das Spiel interessanter zu gestalten.

**F.** Wenn ich manchmal im Café sitze, sehe ich draußen das Getriebe, denke: Was für ein Chaos. Aber dann erscheint mir in dem Ganzen eine perfekte Ordnung zu sein. Das geschieht wie gleichzeitig, das Sehen dieser beiden Seiten.

**K.** Es ist völlig abgefahren. Da ist niemand, der das macht. Trotzdem stoßen zwei Körper auf der Straße nicht zusammen, sondern gehen aneinander vorbei. Und all das, was überall auf der Welt jeden Tag geschieht. Es funktioniert. Es ist immer in der Waage, immer gibt es die Guten und die Bösen, es wird immer Oben geben und immer Unten, es wird immer die Heiligen geben und die Scheinheiligen. Alles ist in einem perfekten Gleichgewicht. Stell' dir mal den Planeten vor, wenn es das sogenannte Böse nicht gäbe. Wenn niemand sterben würde.

Wenn ein Tsunami geschieht, fragt niemand: Wer hat das gemacht? Aber wenn ein paar Verrückte ins World Trade Center fliegen, fragt man sofort: Wer ist verantwortlich? Der Flugzeugpilot ist jedoch genauso DAS wie der Tsunami. Da ist niemand verantwortlich zu machen. Was nicht bedeutet, dem gegenüber völlig kalt zu sein. Jeder wird Position beziehen und Mitgefühl zeigen – entsprechend seiner Konditionierung.

**F.** Viele Lehrer sagen, man müßte quasi sterben, bevor man zu wirklichem Verstehen oder Erkennen vordringen könne. Was hältst du davon?

**K.** Das ist auch ein Konzept. Wo ich mitgehen kann, ist das Erfahren eines Punktes, wo deine eigene Existenz als unwirklich erkannt wird. Wenn ein Erkennen geschieht, daß es dich auf keiner Ebene je gegeben hat, weder als Sein, noch als Körper, noch als Anwesenheit, noch als Wahrnehmung – das kann wie ein Tod sein, ja.

Wenn jemand vorbereitet ist, wenn das Sein – ich meine damit *nicht* die Person, dir vollkommen auf die Nerven geht, dann ist das Erkennen der Nicht-Existenz eine Erleichterung, eine Befreiung. Ist jemand unvorbereitet, kann das natürlich auch Panik auslösen. Als Kind hatte ich derartige Erlebnisse.

Aber letztlich sind das alles Konzepte. Zwei oder drei Leute haben das Auflösen der Existenz als Sterben erlebt, und die vermitteln das jetzt so. Doch Erwachen wiederholt sich nicht. Es wird niemals wieder so sein, wie z. B. bei Ramana. Und Ramana hat wieder und wieder betont: Es sind nicht die Worte, ich bin nicht der Körper. Aber dennoch wird noch heute immer wieder gesagt: Ramana hat doch das und das erlebt und gesagt. Er hat an seinem Lebensende gesagt: „Warum um mich weinen. Ich bin immer hier."

DAS wiederholt sich nicht. Deshalb ist es heikel, in Büchern über das Erwachen einer anderen „Person" zu lesen. Weil der Verstand das Gelesene sofort kopieren will.

**F.** Warum erfahre ich solch einen krassen Frieden, wenn ich dorthin zu Ramana in den Ashram fahre und hier nicht?

**F.** Falsch herum. Ich erfahre hier den krassen Frieden.

**K.** Im Wachzustand gibt es viele Erfahrungen. Aber solange da jemand ist, der z. B. Frieden erfahren kann, bist du dem sogenannten Erwachen keinen Schritt näher gekommen. Erwachen ist das Auslöschen von dem, der erfährt. Dann bekommst du nichts mehr mit. Deshalb hat Ramana immer gefragt: *Wer* macht die Erfahrung? *Wer* fühlt sich friedlich?

**F.** Eigentlich schade, nicht wahr?

**K.** Die Million Dollar. Nimm – wie Ramesh vorschlägt – die Million Dollar statt der Erleuchtung. Dann kann sich noch *jemand* daran freuen.

**F.** Ich denke eben doch, daß man von der sogenannten Erleuchtung etwas hat. Denn einerseits erlebe ich alles wie vorher, aber es berührt mich nicht mehr so, weil ich ganz sicher weiß, daß ich diese Person nicht bin.

**K.** Ja. Absolut. Aber das hat nichts mit Erleuchtung zu tun. Solange es *jemanden* gibt, den es kümmert, ob es einen Vor- oder Nachteil gibt, ist es die gleiche Sauce auf einem fortgeschrittenen Level.

**F.** Aber das Bewußtsein erfährt sich doch danach auf eine ganz andere Weise, auf eine Weise, die ich mir jetzt überhaupt nicht vorstellen kann. Die Dinge stellen sich doch anders dar, als sie sich jetzt darstellen.

**K.** Es stellt sich gar nichts mehr dar, weil es niemanden mehr gibt, der irgend etwas mitbekommt. Mit dem „Ich Bin" wird die Welt wahrgenommen.

DAS ist *vor* dem „Ich Bin". Da gibt es niemanden, der irgend etwas wahrnimmt. DAS ist sich seiner selbst nicht gewahr.

**F.** Aber DAS ist doch nicht getrennt vom „Ich Bin", DAS ist doch in allem.

**K.** Es ist Eins. Wenn erkannt wird, was es nicht ist, weißt du, was es ist. Nicht intellektuell. Wenn intuitiv erfaßt wird: Ich war schon vor „Ich Bin" – in diesem Moment fällst du heraus, fällst du vor deine eigene Existenz. Aber nicht als Objekt. Du wirst nicht wissen, was du bist. Und in diesem absoluten Unwissen erfährst du, was du bist. Nicht objekthaft. Etwas, was mit *dem* Erkennen einhergeht, ist eine absolute Kapitulation in Bezug auf die Möglichkeit, zu erkennen, was DAS wirklich ist.

# Ein Satsang – Bielefeld, 5.12.2005

**K.** Es ist alles nicht so heilig, wie es aussieht. Wie schön, mit euch hier zu sein. Ich verstehe überhaupt nichts von Erwachen, Erleuchtung und all dem Zeug. Ich glaube, was ich bin, nennt man ungebildet. Ich habe gar keinen Plan und keine Tradition. Das einzige, was ist, ist DAS. Wenn ich sage: DAS, dann meine ich keinen spirituellen Zustand, keine Leere, Stille oder besondere Liebe, sondern DAS. Die Gedanken, die Gefühle, der Körper, die Idee, daß du identifiziert bist, ist das, was ist.

Genau so manifestiert sich gerade Bewußtsein. In diesem Satsang, woanders auf dem Weihnachtsmarkt. Oder beim Kegeln. Und das geschieht einfach. Ich kann dir nichts geben, dich nicht irgendwo hinführen, dir nichts klarmachen. Weil hier niemand ist (weist auf sich), dort niemand ist (weist auf die Zuhörer), und weil es keinen Weg gibt. Jedes Erforschen und jedes Aufwachen, jeder Weg und jeder Prozeß verleugnen die Perfektion dessen, was ist. Und die Perfektion dessen, was ist, ist manchmal die Erscheinung, daß es völlig unperfekt ist. Das soll so sein.

Ramana Maharshi hat das viel heiliger ausgedrückt: „Kein Lehrer, kein Schüler, kein Ziel." Ich sage es einfacher: Hier (weist auf sich) ist keiner, dort (weist in den Satsangraum) ist keiner, es gibt keinen Weg.

Das Leben ist völlig frei, es geschieht einfach alles. Was geschieht, ist, daß Körper hierherkommen und Satsang spielen. Bei manchen besteht die Idee, sie seien der Körper und seien hierhergekommen. Wenn du glaubst, du wärst das, was herkommt, dann wirst du natürlich abchecken: Was bekomme ich hier; bringt mich das weiter; wer sitzt da vorn? Aber hier ist niemand.

Wenn hier jemand wäre, dann könnte ich dir etwas geben, dann bräuchtest du etwas. Aber es ist absolut vollkommen so, wie es ist. Du sollst gar nicht mehr verstehen. Es ist ein Mißverständnis.

**F.** Vielleicht verfehlt die Frage jetzt das Thema ...

**K.** Nichts kann das Thema verfehlen. Es ist alles *das Thema.* Bitte frage advaitisch korrekt.

**F.** Es ist ja alles ein Traum. Ist dieser Traum aus dem Ego kreiert?

**K.** Das weiß ich alles nicht. Davon verstehe ich nichts. Es ist ganz einfach. Ich bin, was ich bin. Und das ist das gleiche, was du bist.

**F.** Ich habe manchmal das Gefühl, mich in einem bestimmten Traum verfangen zu haben und den „eigentlichen" Weg zu verfehlen.

**K.** Großartig. Das ist es. Das Bewußtsein, das vorgibt, sich in einem Traum verfangen zu haben. Das geschieht, aber es geschieht nicht *dir*. Es muß immer Dualität erscheinen. Das Bewußtsein an sich ist jedoch völlig still. Und es muß immer in einem scheinbar Suchenden und in einem scheinbar Findenden erscheinen, damit das Spiel stattfinden kann. Das hier führt nirgendwo hin. Du meinst vielleicht, du würdest mit Fragen irgendwo hinkommen. Aber DAS hat keine Richtung. Es ist völlig frei. Einfach das Leben, das Fließen, die Hingabe, der Genuß. Das braucht keine Richtung. Es muß sich nicht dem Erwachen nähern. Einfach zwei Körper, die sich unterhalten. Ob wir uns über Kochrezepte unterhalten oder über spirituelle Konzepte. Nichts ist weiter entfernt oder näher dran. Das ist alles Bullshit, daß irgend etwas näher dran wäre. Das ist Unwissenheit. Oder Arroganz. Deshalb kann ich dir auch nichts geben. Ich habe auch keinerlei Interesse, daß du wiederkommst. Alles, was du bekommen könntest, verlierst du ohnehin wieder. DAS ist frei. Du kannst es nie verfehlen, du bist immer mittendrin.

**F.** Ich habe das Empfinden, du bist glücklich, wahrscheinlich viel glücklicher als die meisten Menschen. Ist das wahr? Oder gibt es bei dir Schwankungen?

**K.** Ich liebe es, zu schwanken. Ich bin, was ich bin schwankend, nicht schwankend, als Person, identifiziert, nicht identifiziert. In keinem dieser Zustände bin ich nicht das, was ich bin. Advaitisch ausgedrückt könnte ich auch sagen: Weil ich bin, existieren die Zustände, existiert die Welt. Das wäre ja schrecklich, wenn ich hier im Vorteil wäre. Wenn hier (zeigt auf sich) etwas anders wäre als bei euch. Das ist doch anmaßend: Ich bin anders. Ich habe einen Vorteil. Und ich zeige euch Armen, wie ihr den auch erlangt. Deshalb verstehe ich gar nichts von Wegen. Es gibt nicht die Möglichkeit, daß irgend etwas anders wäre.

Hier (bei mir) geschieht exakt das gleiche wie überall. Der einzige Unterschied ist der, daß hier niemandem etwas gehört. Die ganzen Zustände

– sogar das Sein an sich – sind unwirklich. Es gibt immer wieder Leute, die behaupten, sie wüßten, wer sie wirklich sind. Aber das ist Mist. Das Sein an sich, das Spüren deiner eigenen Existenz, ist unwirklich.

Im Moment des sogenannten Erwachens wurde erkannt, daß ich nicht der Körper bin, die Gedanken, die Gefühle: Ich war absolutes Sein, keine Identifikation mehr. Das war der eine Moment. Danach hätte ich nicht damit gerechnet, daß noch etwas kommt, weil ich glaubte, das sei es gewesen. Doch dann kam ein weiteres „Ereignis", in dem sich das Sein als absolut unwirklich offenbarte. In diesem Moment existierte „ich" nicht mehr. Jedoch erfuhr ich mich weiter im „Ich Bin" und im „Nicht-Ich-Bin" – im Sein und im Nichtsein.

Für das erste Erkennen, schien es, als hätte ich dafür noch etwas „tun" können: Im „Ich Bin" verweilen, mich an das Sein erinnern. Da war noch ein subtiles Tun, obwohl schon klar war: Da ist niemand. Im zweiten Erkennen jedoch hat sich das Sein als vollkommen unwirklich offenbart und damit die Albernheit des Verweilens im „Ich Bin". *Worin* denn verweilen? *Wer* sollte *worin* verweilen? Und jetzt gibt es kein Entkommen mehr: Weder im Wachzustand, noch im Traum, noch im Tiefschlaf. Ich bin, was ich bin. Es gibt keinen Moment, wo ich nicht bin. *Und wenn ich nicht bin, muß ich sein, um nicht zu sein.*

Aber dafür kann nichts getan werden. Ramana hat Tausenden von Leuten gesagt: Fragen Sie „Wer bin ich". Nur bei einer Handvoll davon ist es geschehen, daß sich die Unwirklichkeit des Seins offenbart hat.

Daß sie nicht die Person sein können, haben viele – glaube ich – erkannt; etwas, das kommt und geht, kann man nicht sein, sondern nur das, was immer ist. Aber das, was immer ist, ist an sich nicht immer. Etwas, was immer ist, ist an Zeit gebunden, ist gebunden an eine Abwesenheit. Das, was immer ist, ist schon unwirklich. Und dieses Unwirkliche erfährt sich durch die Erscheinung. Das Sein erfährt sich, könnte man sagen, um seine eigene Existenz zu beweisen; damit dieses Spiel stattfinden kann.

Deshalb immer die schöne Frage von Nisargadatta: „Wer waren Sie vor hundert Jahren? Wer oder was waren Sie, bevor Sie das betörende Gefühl überkam zu sein?" – Dazu könnte man sagen: Im Angesicht Gottes bist du sprachlos.

**F.** Wenn das Sein laut deiner Aussage *auch* unwirklich ist, hat dann das Absolute noch bestand? Oder gibt es das Absolute letztlich auch nicht?

**K.** Du wirst nie wissen, was das Absolute ist. Aber im Erkennen, was es nicht ist – und das ist der göttliche Unfall – erfährt es sich selbst als das, was es ist. Jedoch nicht als Objekt. Es geschieht genauso selbstverständlich, wie du keine Zeit benötigst, um zu erkennen: Ich bin nicht der Schrank. Dieses Erkennen braucht keine Zeit.

Strebt nie dieses „vierten Zustand" an. Es wird nie jemand herausbekommen. Und im Unvermögen, es „herauszubekommen", offenbart es sich.

**F.** Ich war vorgestern bei einem Geistheiler. Dieser Geistheiler inkorporiert Wesenheiten, die vor hundert Jahren gelebt haben. Die heilen durch ihn. Er sagt nicht, er würde heilen, sondern Gott heilt durch ihn. Nun höre ich, was du sagst, und versuche das beides zusammenzubekommen.

**K.** Ja, wunderbar. Das ist es. Bewußtsein, das hier sitzt und versucht zusammenzufügen, was es gestern beim Geistheiler erlebt hat und heute hier erlebt. Das ist es. Willkommen im Leben. Wie willst du das *machen*, das Geschehen, das sich hier vollzieht?

**F.** Ja. Es gibt wirklich nichts, was es nicht gibt. Das Bewußtsein kann sich auf die absurdeste Art zeigen.

**K.** Ja, absolut. Völlig identifiziert, völlig klar, im Satsang, beim Geistheiler. Wenn irgend etwas nicht darin enthalten wäre, wäre es bedingt. DAS ist jedoch das einzige, was vollkommen unbedingt ist. Die Quelle ist die Quelle von allem. Es ist die Quelle von dieser Frage. Und es geschieht, da ist niemand, der fragt. Und wenn da die Idee existiert: Ich bin jemand, der da ist und fragt, dann ist es Bewußtsein, das vorgibt, jemand zu sein und zu fragen. Hier gibt es nichts herauszuholen. Es wird immer das sein, was es ist. Da gibt es keinen Ausgang.

**F.** Ich habe da viele leidende Menschen gesehen, schwerkrank oder im Rollstuhl. Die haben einen Ausweg gesucht, haben Heilung gesucht.

**K.** Solange du – scheinbar – den Traum glaubst, wirst du andere sehen, die leiden. Aber es ist Bewußtsein, was leidet. Es ist Bewußtsein, was durch eine Person leidet. Deshalb spreche ich hier nicht mit Personen, sondern mit mir selbst. Bewußtsein spricht mit Bewußtsein.

**K.** Keiner von euch hier hat sich entschieden, auf die spirituelle Suche zu gehen. DAS hat sich entschieden. Woanders erscheint DAS auf dem Oktoberfest und sucht nach einem Sitzplatz im Bierzelt. Und nur was sich entschieden hat zu suchen, kann diese Suche auch beenden. Lieber würde ich sagen: Die Suche zum Anfang bringen.

Wenn du die Suche *machen* würdest, warum beendest du sie nicht jetzt sofort? Du wirst feststellen, daß es nicht geht. Weil da niemand ist, der sie angefangen hat. „Freier" Wille.

**F.** Was hat uns das alles vergessen lassen, dieses intuitive Wissen?

**K.** Was hast du gegen Vergessen? Es vergißt sich, damit es sich wieder erinnern kann. Aus Liebe vergißt es sich. Erinnern bringt dir gar nichts. Auch wenn du dich tausendmal erinnern würdest an dieses Wissen, würde dich das nicht zu dem machen, was du bist. Jedes Vergessen hat mit Erinnern zu tun. Vergessen – Erinnern, Vergessen – Erinnern. Das ist Dualität. Du bist, was du bist, wenn du es vergessen hast, und du bist, was du bist, wenn du dich wieder erinnerst.

Deshalb: Ich verstehe von Zuständen gar nichts. Weil DAS mit Zuständen nichts zu tun hat. Es hat natürlich *auch* damit zu tun, weil DAS auch die Quelle von Zuständen ist. Aber für das, was du bist, mußt du dich nicht erinnern. Das wäre schrecklich: „Um zu sein, mußt du dich erst einmal erinnern." Damit du es vergessen kannst, mußt du sein. Das ist das „Ich Bin", das Sein. Erinnern, das kommt aus dem Verstand. Das nächst Mal, wenn du es vergessen hast, wirst du feststellen, daß du immer noch hier bist. Du mußt ja hier sein, sonst könntest du gar nicht darüber reden.

Ganz kurz gefaßt: Alles ist gut. Und es ist nicht gut, weil es auch schlecht sein könnte. Es gibt keine Möglichkeit, daß es falsch sein könnte. Wenn es falsch wäre, wäre es anders.

**F.** Eben sagtest du, es gäbe keinen Unterschied. Aber eigentlich basiert doch die ganze Suche auf der Annahme, da gäbe es einen Unterschied, der würde dann wettgemacht, dann entsteht ein Vorteil. Du sagtest auch, man könnte nichts tun, das Erwachen sei wie ein göttlicher Unfall. Das hinterläßt bei mir jetzt wieder die Idee, es gäbe einen Unterschied: *Mit* Unfall und *ohne* Unfall. Wie dieses Spiel: Zwei sind reich. Aber der eine weiß es nicht, und der muß trotzdem arbeiten gehen.

**K.** Du gehst davon aus, daß du jemand bist, und dann siehst du natürlich hier (bei Karim) jemanden. Ich weiß nicht, daß ich bin. Das alles, was ich hier spreche, *weiß* ich nicht. Ich kann das nur sein. Und das, was ich bin, war vor hundert Jahren, das ist, während dieser Film hier läuft, und es ist nach dem Film. Das hat nichts mit *Wissen* zu tun. Das ist ein *direktes Erfassen.* Aber davon hast du keinen Vorteil. Weil du den Film nicht los wirst. Der Film muß laufen, damit das „Ich Bin" erscheinen kann.

**F.** „Direktes Erfassen" impliziert für mich auch wieder einen Unterschied.

**K.** In dem direkten Erfassen wird erfahren, daß es nichts zu erfassen gibt. Davon hast du nichts. Es gibt eine Phase, in der du vielleicht denkst, du hättest etwas davon. Aber das vergeht auch. Denn alles, was du haben kannst, kann nicht das sein, was du bist. Und für jedes Sein muß es etwas geben, was erfährt, daß es ist. Es kann noch so still sein: Solange es jemanden gibt, der die Stille erfährt, ist die Bindung da. Das hat nichts mit Zuständen zu tun. Es ist das Wegfallen von dem, der erfährt, von dem Erfahrenden. Dann stehst du nicht mehr in Bezug *zu* etwas. Da gibt es nicht mehr „Ich und das Wissen" oder „Ich und mein Sein" – das ist Eins. Deshalb kann ich DAS nicht wissen, weil da niemand ist, der wissen könnte. Aber es ist auch nicht zu leugnen. Damit ich nicht wissen kann, muß ich sein.

**F.** Indem du jetzt so darüber sprichst, wie ich das überhaupt nicht könnte, entsteht für mich schon ein Unterschied: Da ist etwas klar, hier nicht.

**K.** Schau, wenn du in die Fahrschule gehst, weiß der Fahrlehrer scheinbar auch mehr, und du gehst hin, um das, was er zu sagen hat, zu hören. Aber durch das Gehörte bist du nicht mehr geworden. Das muß so sein in diesem Spiel. Die ganze Welt kann nur erscheinen in Dualität. Bewußtsein manifestiert sich als Satsang – Fahrschule, oben – unten, rechts – links, scheinbarer Lehrer – scheinbarer Suchender. Sonst würde sich DAS nicht manifestieren können. Und natürlich hat das sich Manifestierende unterschiedliche Qualitäten. Satsang hat eine andere Qualität als ein Musikklub. Die Erscheinung ändert sich. Aber das, was ich bin, ist *vor* der Erscheinung, und deshalb unwirklich – im Traum.

Das Erwachen findet auch im Traum statt. Erleuchtung kommt und geht. In dem Moment, wo das, was man Erleuchtung nennt, geschieht, offenbart sich ein riesiger Space, das größte „Objekt", das in der Welt außen und innen zu erreichen ist. Das ist so phänomenal. Und wenn sich dieses „Objekt“ als nichtig erweist, nämlich die absolute Liebe zu existieren, zu sein; wenn diese Liebe sich als unwirklich offenbart, dann ist Nichts. Und dieses Nichts erfährt sich in der Liebe. Aber solange das Nichts sich nicht als Nichts erfahren hat, wird die Liebe immer für wirklich gehalten, zum Objekt gemacht.

DAS ist eine Hochzeit zwischen Form und Leere, ein Tanz.

**F.** Es ist jetzt nicht wirklich klarer geworden.

**K.** Na Gott sei Dank. Es kann nicht klarer werden, als es ist. (Lachen) Du glaubst, das hier führt irgendwo hin, dir könnte hier irgend etwas klarer werden. Aber das Nicht-mehr-Verstehen ist genau das, was jetzt ist. Wie sollte es klarer werden?

**F.** Da meldet sich eben immer wieder das, was hundertmal gehört und gelesen wurde: Daß es einen Prozeß und eine Entwicklung gäbe, die irgendwann begann und irgendwann in etwas gipfelt und endet.

**K.** Ja. Alles, was vorbei geht, fängt wieder an. Das hier ist das Transzendieren der Dualität, der kompletten Welt, nicht einzelner Aspekte.

Natürlich liebt das Ego die Vorstellung: *Ich* weiß jetzt, wer ich wirklich bin. *Ich* bin der Raum, in dem alles geschieht. Aber wo war der Raum vor hundert Jahren? Wo ist der Raum im Tiefschlaf? Es ist alles weg. Trotzdem erfährt sich das Nichts im Traum.

Deshalb hat all das überhaupt nichts mit Prozeß zu tun. Es ist, was es ist, am Anfang des Prozesses, in seiner Mitte und am Ende. Bewußtsein, das den Prozeß beginnt, Bewußtsein in der Mitte und an seinem scheinbaren Ende. Und wenn dieses sogenannte Erwachen in der Mitte des Prozesses geschieht, ist was ist: Mitte des Prozesses.

Das ist eine „Erleuchtungsindustrie“ in diesem Spiel, die vermittelt, du könntest etwas tun, irgendwo hinkommen, den „Prozeß“ beschleunigen. Der Job hier (weist auf sich) ist völlig überflüssig. Ich habe nicht die Intention, daß jemand irgend etwas erfährt, erkennt oder wiederkommt. Du wirst immer das sein, was du bist. Jeder, der etwas von dir will oder dir einen Weg aufzeigt, bindet dich. Es kann dir nur jemand zeigen, daß du einen Weg zu gehen hast, wenn dieser jemand *jemand ist*. Aber wenn da niemand mehr ist, findet er auch niemanden, der einen Weg gehen könnte. Dann kannst du Gott nicht korrigieren oder ihn mal eben beschleunigen. Dann ist ein tiefes Vertrauen da, daß es geschieht, wenn es geschehen soll – und wenn nicht, dann nicht. Zur rechten Zeit geht jede Blume auf. Aber solange hier jemand sitzt, der denkt, er könnte Gott helfen, daß sich die Blume öffnet – das ist ein Trip.

Das einzige, was hier scheinbar geschehen kann, ist, daß deine Suche scheinbar zertrümmert wird, und du feststellst: Obwohl du nicht suchst, bist du. Nisargadatta hat immer gesagt: „Es kann nie genug Zerstörung geben." Für manche Leute hört sich das schrecklich an, andere sagen, das sei Liebe.

**F.** Brauchst du uns, um dich wahrzunehmen? Wenn wir nicht da sind, kannst du dich vielleicht gar nicht wahrnehmen, *bist* du gar nicht?

**K.** Das, was brauchen könnte, ist nicht das, was ich bin. Was ich bin, ist *vor* jedem Brauchen, vor jeder Erscheinung. Sobald Brauchen da ist, bin ich davor. Ich kann nie das sein, was in mir erscheint. In diesem Traum kann es so sein, daß ich brauche, daß ihr hier seid. Aber das ist niemals das, was ich bin. Daher die Aussage: Ich bin nicht der Körper. Egal, welche Szene hier geschieht, sie geschieht *in* mir. Ich bin nicht hierhergekommen.

Das hört sich wieder so advaitisch radikal an. Aber die Leute glauben immer, ich sei hierhergekommen. Doch alles findet *in* mir statt: Der Satsang, die Autobahn Dortmund-Bielefeld. Die Leinwand ist nicht berührt von dem, was hier abgeht. Es macht für mich absolut keinen Unterschied, ob Satsang, im Auto sitzen, allein zu Hause sitzen geschieht. Das bekommen die Leute mit, die regelmäßig in Berlin im Satsang sind oder mich auch privat kennen – kein Unterschied. Soviel Nüchternheit muß man erst einmal aushalten. Viele wollen sich ja privat nur treffen um festzustellen: Ist der wirklich so?

DAS ist so ein Mysterium. Und glaube kein Wort von dem, was hier (weist auf seinen Mund) herauskommt. Alles Konzepte. Was sonst.

**F.** Dann kannst du auch nicht die Wahrheit sprechen.

**K.** Niemals. Ich habe keine Ahnung, ob das, was ich sage, wahr ist oder unwahr. Keine Ahnung. Es interessiert mich auch gar nicht. Es ist, was es ist. Wenn es unwahr ist, ist es unwahr. Dann sind wir heute abend unwahr. Wie wahrhaftig. Das ist die Vorstellung des Verstandes: Es geht um Wahrheit.

Das ist völlig frustrierend hier. Und in dem absoluten Frust, in der absoluten Ausweglosigkeit und Hoffnungslosigkeit, im Erkennen des Irrsinns der Suche wirst du vielleicht – wird sich – das vorfinden, was keine Suche braucht, um zu sein. Die Suche kann zerstört werden, die Hoffnung kann zerstört werden – das, was du bist, kann nicht zerstört werden.

Alle deine Konzepte können zusammenfallen. Aber du wirst vielleicht feststellen, daß das, was du bist, keiner Erklärung bedarf, daß du keiner Erklärung, keines Konzeptes, keiner Wahrheit bedarfst, um zu sein. DAS muß sich selbst nicht objektivieren, um zu sein. Kurzum: Liebe.

**F.** Bei Ramana habe ich sinngemäß gelesen, wenn ich sage „Ich bin", muß schließlich auch das wegfallen.

**K.** Da muß nichts wegfallen.

**F.** Was meint Ramana damit: Wer bin ich – oder: Wer bist du?

**K.** Das sind alles Konzepte. Schau mal: Ramana saß friedlich in seiner Höhle, plötzlich bildete sich ein Ashram um ihn herum. Und die Leute haben ihn genervt. Da hat er gesagt: Fragt euch, Wer bin ich?

In DEM wird erkannt: Es ist niemals zu vermitteln. Niemals wirst „du" einen Teil dazu beitragen, daß es erkannt wird. Dafür würde es jemandes bedürfen, der das tun könnte – aber: Da ist niemand. Und da kommen die ganzen Leute, die meinen, es gäbe sie, nerven, bauen einen Ashram, und die werden beruhigt: Verweile im „Ich Bin", frage dich: Wer bin ich – dann ist der Mind beschäftigt. Aber nichts kann dorthin führen. Ramana hat auch ganz klar gesagt: Es kann nichts dafür getan werden, zu Erwachen.

**F.** Trotzdem ist es gut, sich zu bemühen.

**K.** Ja. Natürlich. Du bemühst dich bis zum Abwinken – und das ganze Bemühen dient dem Erkennen, daß es dadurch nicht zu erreichen ist. Aber natürlich kannst du Bemühen auch nicht verhindern, wenn die Konditionierung so ist.

All die Zen-Lehrer, die ihre Schüler immer wieder anweisen: Meditiere, Meditiere. Sie tun das nur deshalb, damit die Schüler endlich erkennen: Auch durch Meditation ist DAS nicht zu erreichen. In diesem Moment kann sich DAS offenbaren. Kann.

Auch wieder Konzepte. Bewußtsein ist so individuell. Es manifestiert sich in jedem Körper anders. Keine Suche gleicht der anderen. Deshalb kann man nicht sagen, es ginge so oder so. Jeder hat seine ganz eigene Einladung.

**F.** Bei manchen Menschen spürt man einfach, daß da mehr Präsenz ist, als bei anderen. Bei Ramana: Daß da Tausende Menschen zu diesem schweigenden Weisen kamen. Sie kamen doch wegen dieser Präsenz.

**K.** Es gibt keinen Ramana und keine Menschen, die zu ihm gegangen sind. Bewußtsein in Form von Leuten ging zu Bewußtsein in Gestalt von Ramana. Aber da ist nichts geschehen. Ramana hat immer gesagt: Ich bin nicht der Körper. Und er sagte: „Es ist nie irgend etwas geschehen." Trotzdem heißt es immer wieder: Aber Ramana, aber Ramana.

Ramana ist eine Erscheinung in deinem Bewußtsein, eine Idee. Jemand, der im australischen Outback aufgewachsen ist, hat den Namen Ramana noch nie gehört. Für ihn gibt es keinen Ramana.

Der Sucher möchte sich so gerne in Ramana wiedererkennen, oder in Jesus, oder in Osho. Keiner möchte sich im Briefträger wiedererkennen. (Lachen) Aber das ist das Demütige daran, daß du keinen Unterschied sehen wirst. Das macht dich dann völlig überflüssig.

**F.** Wir reden davon, daß alles scheinbar geschieht, daß niemand hier ist. Wenn ich das auf mich beziehe, negiere ich mich selbst – das könnte ich schon wieder als „etwas tun" bezeichnen – obwohl ich nichts tun muß, um da zu sein. Also bin ich auf jeden Fall irgend etwas, nur vielleicht nicht das, was ich glaube. Muß dieses etwas dann auch noch gehen – rein spekulativ gesprochen?

**K.** Ja. Und du wirst merken, daß das unmöglich ist, dieses „gehen lassen" zu bewerkstelligen. In einem intuitiven Erfassen kann das erkannt werden. Das ist kein Weg, einfach Sehen. Sehen: So ist das. Ich bin niemals das, was wahrnimmt. Es gibt nur Sehen – aber keinen Sehenden. Es gibt nur Bewußtsein.

Solange bei dir die Idee da ist: *Ich* sehe das Gesehene, existiert eine Bindung, eine subtile Dualität. Weil du dich immer subtil als *Seher* empfinden wirst. Aber es gibt nur *Sehen*: die Quelle von Subjekt und Objekt. Da sieht niemand. Alles ist einfach da. Und führt nirgendwo hin. All die Worte, die Gedanken sind es. Da ist kein Gedanke, ab dem du sagen kannst: Ah, ich habe es jetzt erkannt.

Angenommen, es würde geschehen, was nicht geschehen kann: Es müßte nicht bedeuten, daß du in keinen Satsang mehr gehst – wie viele Leute behaupten. Das würde ja bedeuten, daß du der Körper bist. DAS hat mit dem Körper überhaupt nichts zu tun. Du siehst nur, was der Körper tut in diesem Spiel. Du siehst den Film laufen – der Körper geht hierhin, dorthin. Aber an ihm wird sich nichts ändern. Vielleicht fallen gewisse Neurosen ab (lacht). Die grundlegenden Prägungen bleiben: Essen, Trinken, Laufen. Irgendwohin muß der Körper gehen in diesem Spiel. Plötzlich hockt er dann im Satsang.

**F.** Irgendwie kann ich nicht entscheiden, ob das, was du sagst, für mich erleichternd oder frustrierend ist.

**K.** Wunderbar. Das ist es. Es ist das, was geschieht. Leben. Kann sich nicht entscheiden: Erleichternd, frustrierend. Das ist doch wundervoll. Und ich meine nicht, es ist wundervoll, daß es *nicht* da ist, sondern daß es *da* ist.

Es ist so wunderschön, wie Bewußtsein sich hier (weist in den Raum) manifestiert.

# Ein Satsang – Hamburg, 10.2.2006

**K.** Die Einladung heute abend ist es, die Waffen niederzulegen. Ob dieses sogenannte Erwachen geschieht oder nicht, liegt nicht in deiner Hand. Bis dahin kannst du dich entspannen.

Karim hat für das Erwachen nichts „getan". Etwas Größeres hat sich Karim geholt. Es besteht kein Zweifel daran, daß es überall geschehen wird, wenn es dich nicht mehr interessiert wann, wieso und wo.

**F.** Ich bin sehr berührt von dem, was du sagst. Bei mir ist es so: Ich möchte meinen Weg gern fortsetzen. Dabei bemerke ich, daß mich die alten Energien noch ziemlich stoppen.

**K.** Großartig. Würdest du nicht gestoppt werden, würdest du dich nicht nach etwas Größerem sehnen.

**F.** Ja. Aber es tut manchmal sehr weh.

**K.** Ja, das ist so. Es tut manchmal sehr weh. Aber da gibt es ein Mißverständnis: Du sollst nirgendwo *hinkommen*, keine „schlechten" Energien loswerden. Außer du zeigst mir den, der sie loswerden könnte! Nur das, was die „schlechten Energien" erschaffen hat, wird sie in manchen Fällen auch wegnehmen können. Bis dahin: Entspanne. Akzeptiere Gottes Willen: „Du willst, Gott, daß ich schlechte Energien habe? Ich akzeptiere. Wer bin ich denn schon, daß ich mich gegen dich aufrichten könnte." – Gott irrt sich nicht.

Es ist wunderschön, hier mit dir zu sein, ob mit oder ohne Energien. Wenn ich das sage, meine ich: Es ist wunderschön, daß du *bist*. Du bist absolut vollkommen, absolut gewollt. Du bist ein Ausdruck von Bewußtsein: Mit dem, was du fühlst, was du denkst, woher du kommst. Das soll so sein.

Es gibt nur eine scheinbare schlechte Energie – jene Energie, die die „schlechten" Energien loswerden will. Das ist die schlechteste von allen. Ob der wegfällt, der damit herummacht oder nicht – keine Ahnung. Das ist ein Mysterium. Das, was Karim hier vermittelt, ist uralt. Das hat jeder schon so oft gehört. Wenn du ein schweres Leben hast, gib es ab: Dein Wille geschehe. Ganz simpel. Mit Gottes Willen meine ich: Daß dieser Körper hier sitzt, ist Gottes Wille, daß dieser Teppich hier liegt, diese CD dort; die negativen Energien, die positiven. Und wenn du das akzeptierst, hast du ein leichtes Leben. Und in der Akzeptanz kann es geschehen, daß der Akzeptierende wegfällt. Dann wird sich deine Natur als Akzeptanz offenbaren.

Normalerweise mag ich für das sogenannte Erwachen keine Merkmale benennen. Aber was ich festgestellt habe ist, daß es bedingungslose Akzeptanz ist. Wir haben soviel spirituellen Bullshit im Schädel; das ist natürlich alles Bewußtsein, was sich da Flausen in den Kopf setzt, um den Moment des Erkennens noch hinauszuzögern. Ich muß noch dieses und jenes beseitigen, um vollkommen zu sein. Früher haben dir deine Eltern gesagt, was du tun mußt, um in Ordnung zu sein. Jetzt sagen dir spirituelle Lehrer, welche Energien du zu überwinden hast, um das zu sein, was du bereits bist. Und du wirst diese Lehrer treffen, solange du glaubst, was sie sagen. Das ist ein Spiegel.

**F.** An einem Punkt fällt mir das Akzeptieren schwer. Im Leben haben wir ja Schutzbefohlene: Unsere Kinder, auch Tiere sind das für mich. Und den Mißbrauch von Kindern oder ihre Vernachlässigung, das ist etwas, was ich nicht akzeptieren kann. Ich komme nicht an den Punkt.

**K.** Wunderbar. Weil du nicht zu dem Punkt kommen *sollst*.

**F.** Dann bleibe ich in meinem Schmerz gefangen. Entweder komme ich an den Punkt, wo ich sage: Das existiert eben auf der Welt. Oder ich behalte den Schmerz in mir.

**K.** Auch wenn du den Konflikt zusammenbringen würdest zwischen: Da ist im Grunde niemand und zwischen dem Schmerz über das, was geschieht, wäre das nur ein Zusammenbringen im Verstand. Das ist überhaupt nicht zusammenzubringen. Es ist unmöglich. Der Verstand versteht nichts von der Einheit.

**F.** Ja, dann: Schmerz wird es wahrscheinlich solange geben, bis ich tot umfalle.

**K.** Was ist denn falsch an Schmerz?

**F.** Ob etwas falsch daran ist, weiß ich nicht. Auf jeden Fall ist er etwas, von dem ich mir, wenn er da ist, permanent wünsche, er wäre es nicht.

**K.** Mit dem sogenannten Erwachen bekommst du alles, was du nie haben wolltest. Du siehst dann, warum du vorher lieber geschlafen hast. Weißt du, wenn ich einen Tiertransporter sehe, berührt es mich abartig. Schmerz. Obwohl erfahren wird, daß der Transporter in mir ist und eine Erscheinung im Bewußtsein.

Ich kann dir nur sagen: Es ist absolut in Ordnung, was du erlebst und fühlst. Wenn du sensibel konditioniert bist, und du spielst diese Rolle in dem Spiel, bist du berührt und fühlst Schmerz, wenn ein Kind mißbraucht wird oder ein Tier leidet. Dann kannst du diese Rolle nur akzeptieren. Du kommst nicht aus ihr heraus. Deshalb ist das maximale Konzept: Gott, du willst, daß ich so bin; ich akzeptiere es. Das Unangenehme ist der Widerstand.

**F.** Ich muß darüber nachdenken. Ich nehme das, was du gesagt hast, mal mit.

**K.** Ich bin so dankbar, daß du diese Rolle spielst und so mitfühlend bist. Als Ausgleich zu denen, die ins Schlachthaus gehen oder unberührt bleiben von vielem. Für das Bewußtsein bist du eine Spiegelfigur. Die Existenz braucht Menschen, die *dafür* sind und solche, die *dagegen* sind. Das ist Dualität, so kann Bewußtsein sich erfahren.

**F.** Das weißt du sicher?

**K.** Ich weiß überhaupt nichts sicher. Früher war ich mal Tierrechtler, habe Tierbefreiungen gemacht und andere Aktionen. Irgendwann habe ich bemerkt, daß ich das nur tue, damit ich den Schmerz nicht spüren muß.

**F.** Das war für mich gut zu hören. Das hat mir jetzt geholfen.

**K.** Wir sind nur ein Werkzeug Gottes. Ein Spiel. Bewußtsein setzt sich hierher, damit es Satsang spielen kann. Mehr nicht. Bewußtsein braucht scheinbar Suchende, die meinen, hier hätte jemand gefunden, damit das Spiel stattfinden kann. Wie beim Einkaufen. Einer muß zahlen, der andere muß das Geld nehmen. Dualität, ohne die Bewußtsein sich nicht erfahren könnte. Deshalb ist es nicht möglich, ein Gleichgewicht in die Welt zu bringen. Wenn du der Welt helfen willst, dann verlasse sie. Das tust du, indem du hierher kommst. Wenn du von dem, was du hier hörst, einmal berührt wurdest, vergißt du es nicht mehr.

Jeder Same geht auf. Das hat mit dem Körper überhaupt nichts zu tun. Es könnte auch sein, daß jemand auf Demos geht. Er realisiert, daß er nicht der Körper ist, nur eine Erscheinung im Bewußtsein. Was geschieht ist, daß er weiter auf Demos gehen wird. Die Rolle geht weiter, nur ist erkannt, daß da niemand ist, der sie spielt.

**F.** Das Akzeptieren, von dem du sprichst, kann man ja für verschiedene Zwecke nutzen. Auch für egoistische, oder um Menschen zu manipulieren.

**K.** Du mußt das Ergebnis loslassen. Da gibt es keine Richtung. Du weißt nicht, was herauskommt. Kann sein, daß du völlig ins Fettnäpfchen trittst. Du kannst mit Gott nicht dealen. Möglich, daß du noch einmal völlig dem Ego aufsitzt. Dann soll es so sein. Du kannst es nicht verhindern. Und es ist wichtig, daß du in Fettnäpfchen trittst, damit du demütig wirst. Alles scheinbar. Es ist so wichtig, Rückschritte zu haben und Fehler zu machen. Damit auch etwas menschlich bleibt. Was aber *nicht* natürlich ist: Sich für Fehler anzuklagen. Der Verstand ist so absurd. Hätte ich es doch anders gemacht, sagt er. Wie absurd, so etwas *danach* zu sagen. Als ob eine Wahl bestanden hätte. Beim Streiten zum Beispiel, in einer Beziehung: Manchmal gelingt es, vor dem Streit auszusteigen, manchmal nicht. „Vergib ihnen, denn sie wissen nicht, was sie tun."

**F.** Auf der einen Seite kann ich nachempfinden, worauf du hinauswillst. Andererseits sehe ich da eine Gleichgültigkeit: Soll doch passieren was will, es passiert ja nur *durch* mich hindurch. In anderen Satsangs habe ich viel über Achtsamkeit und über die Folgen von Gleichgültigkeit gehört, daß Kriege so entstehen zum Beispiel. Das, was *du* jetzt sagst, würde ja darauf hinauslaufen, daß selbst Kriege gottgewollt sind, kein Stück nicht gottgewollt.

**K.** Absolut. Sonst wären sie doch gar nicht da. Natürlich sind sie gottgewollt.

**F.** Ja. Aber das geht doch dann in Richtung Passivität gegenüber allem, was ich sehe. In nichts eingreifen wollen.

**K.** In Bezug auf die Person ist es die absolute Passivität. Es wird so passiv, daß die Person vernichtet wird. Das ist Liebe. Bedingungslose Liebe, die in nichts mehr eingreift und nichts mehr verändern will. Eine Liebe, die Passivität genauso akzeptiert wie Verändern wollen.

**F.** Dann kann es geschehen, wenn ich in Akzeptanz bin, daß ich da plötzlich herausfalle und mich ins Kämpfen verwickle? Ohne daß ich darauf Einfluß hätte? Wenn ich zum Beispiel Pazifist bin, sage ich nicht mehr: Ich bin Pazifist, sondern: es *geschieht*, daß ich Pazifist bin.

**K.** Ja. Du hast keinen Einfluß darauf, was du in einem bestimmten Moment tust. Da ist niemand, der etwas entscheiden könnte. Jede Entscheidung, die du triffst, ist nicht deine Entscheidung. Gott entscheidet durch dich. Wenn Gott entscheidet, dich als Pazifisten erscheinen zu lassen, bist du einer. Und wenn du in den Krieg ziehen sollst, ziehst du in den Krieg. In diesem Spiel scheint es aber so zu sein, daß die Leute, die hierherkommen, nicht in den Krieg ziehen.

Das Entscheidende ist, daß Kriege gottgewollt sind, das Kämpfen gegen Krieg *ebenso* gottgewollt. Hier sitzen Leute und planen die nächst Friedensaktion, woanders beraten Leute über den nächsten Krieg. Dualität.

**F.** Also gibt es keine moralische Verantwortung?

**K.** Doch, natürlich. Du wirst deine Moral haben und deine Verantwortung entsprechend deinem Wissen, deiner Erziehung, deiner Konditionierung. Bei jedem werden Moral und Verantwortung da sein. Aber deine sind nicht gültig für alle.

**F.** Du sagtest beim letzten Satsang, das „Ich Bin" sei die erste Wahnvorstellung. Das sauste immer in meinem Kopf herum. Ich fragte mich, ob man über dieses „Ich Bin" überhaupt hinauskommen kann? Denn es muß doch eine Quelle vorhanden sein, damit etwas, also auch das „Ich Bin" erscheinen kann.

**K.** Das „Ich Bin" ist die erste Erscheinung. Es offenbart sich oder es offenbart sich nicht.

**F.** Aber dieser Urgrund, der diese erste Erscheinung erst ermöglicht. Wie komme ich da heran?

**K.** Es ist ein Unfall, wenn dieses „Herankommen" geschieht. Du kannst nichts „machen", um da heranzukommen. Es kann nur geschehen. Was sehr häufig geschieht, ist das Erkennen, zu sein – oder anders ausgedrückt, daß nur Gottes Wille geschieht. Das geschieht häufiger. Aber das Erkennen, daß das, was du wirklich „bist", unwirklich ist, daß du selbst gar keine eigene Existenz besitzt, daß bereits die erste Erscheinung von „Sein" unwirklich ist; das ist ein Unfall. Es nimmt dir alles. Dann weißt du nicht mehr, wer du wirklich bist, denn du bist nicht mehr vorhanden. Du bist, was du bist, wenn du bist, und du bist, was du bist, wenn du nicht mehr bist. Solange du aber meinst, zu wissen, was du bist, wird immer Angst sein vor der Auslöschung, vor diesem Nicht-Wissen. Das Nichts wird zur Bedrohung.

Irgendwann kommt es vielleicht zur Kapitulation, zu dem Eingeständnis: Ich werde nie herausbekommen, was *davor* ist. Wenn alle Waffen niedergelegt sind, dann kann es geschehen. Es gibt eine schöne Geschichte von einem Mann, der sich mit dem Messer einen Weg durch den Wald bahnt. Irgendwann sinkt er entmutigt und erschöpft zu Boden. Da kommt ein Reh und gibt ihm einen Kuß auf die Stirn. Es gibt nichts vor dem „Ich Bin". Denn den, den das interessieren könnte, den gibt es, wenn das offenbar wird, nicht mehr. Deshalb ist der, der es herausfinden will, das Hindernis.

Das Problem ist: Wenn man über das redet, was *vor* dem „Ich Bin" ist, erweckt das den Anschein, du müßtest dort erst hinkommen. Und das tut weh. Denn du bist es schon. Manchmal scheint es mir, es wäre besser, überhaupt nicht darüber zu reden.

**F.** Aber das darüber Reden öffnet doch auch etwas!

**K.** Ja. Das glaubst du. Das ist die Illusion. Das ist nur im Traum. Du träumst. Alles im Traum. Nichts wird dich dorthin führen, nichts. Die Hoffnung, es könnte sich etwas öffnen, ist genau der Grund, warum ich manchmal nicht mehr darüber reden möchte. Aus dieser Hoffnung wächst die Erwartung, daß es sich irgendwann „ganz" öffnet, und dann ist Erwachen geschehen. Aber solange *du* glaubst, es erfahren zu können, wird es verhindert. Weil niemand es mitbekommen kann, denn es gibt ihn dann nicht mehr.

Das, was sieht, hat gar kein Interesse daran, ob sich das Gesehene öffnet oder entwickelt. Die Leinwand interessiert sich nicht für den Film. Und das, was du tust, hat keinen Einfluß darauf, ob du dich als unpersönliches Sehen erkennst. Das Objekt *kann* niemals zum Subjekt werden. Und ob das gerade Gesagte akzeptiert wird, hat auch niemand in der Hand. Es kann sein, das hier wird gehört und es geschieht plötzlich Akzeptanz. Dann soll es so sein. Nicht wegen des Satsangs, sondern weil es der richtige Ort und die richtige Zeit ist. Oder aber es wird nicht akzeptiert. Dann bleibt, diese Nichtakzeptanz zu akzeptieren. Und: Egal ob Akzeptieren geschieht oder nicht –

es bleibt Gottes Wille. Wenn das übersehen wird, entsteht vielleicht Größenwahn, weil du akzeptieren kannst, andere nicht. Oder du fühlst dich schlecht, weil du nicht akzeptieren kannst, während andere es können. DAS ist etwas Unpersönliches. Vollkommen unpersönlich.

**F.** Dann ist das „leichte Leben", von dem du sprichst, einfach das unpersönliche Sehen des Geschehens, egal wie der Film aussieht?

**K.** Ja. Man könnte sagen: Das Tor zum „leichten Leben" ist das Realisieren, daß du die Leinwand bist, auf der der Film abläuft. Aber es kann geschehen, daß ein Erkennen stattfindet, daß du das bist, was den Film zum Laufen bringt und die Leinwand erschafft. Dann gibt es keine Trennung mehr zwischen Sehendem und Gesehenem. Dann ist das Gesehene das Sehen, und das Sehen ist das Gesehene. Es ist Eins.

Wenn du Gottes Willen akzeptierst und im Wahrnehmen der Leinwand verweilst, kann es geschehen, daß die Leinwand sich im Sehen auflöst. Aber das hast du nicht in der Hand: Wenn du möchtest, Gott, daß ich im Sehen der Leinwand verweile – akzeptiert. Wenn ich dort nicht verweilen kann – auch akzeptiert.

Solange der, der sich für diese Vorgänge interessiert, der, der etwas von Gott will oder fordert, existiert, bleibt das Mysterium verschlossen. Aber das Ganze ist nicht ausweglos. Es gibt die kleine Hoffnung, Gottes Willen zu akzeptieren. Wenn das Ziel völlig unwichtig ist, wenn kein Ziel an das Akzeptieren gebunden ist, dann ist es sehr nahe. Du tust es nicht, um etwas zu erreichen, du tust es aus Liebe zu Gott.

**F.** Wenn Erwachen geschieht, dann merkt man das ja wahrscheinlich. Sich jetzt darüber Gedanken zu machen, das bringt es ja auch nicht. Das ist dann einfach da, oder?

**K.** Das Verrückte ist: Du merkst es nicht! *Wer* sollte es merken?

**F.** Aber merkt man nicht, daß es vorher anders war?

**K.** Nein. Es war nie etwas anders. Der, der wissen könnte: Vorher war es anders, der ist weg. Da ist kein Vergleich. Es war immer so, wie es war.

**F.** Aber der Aha-Effekt, den gibt es doch?

**K.** Natürlich. Aber er ist im Traum. Alles passiert im Traum. Das, was sieht, wie du einen Aha-Effekt hast, hat keinen Aha-Effekt. Was erlebt wird ist, wie sich die Klarheit und die Hingabe vertiefen, wie das Leben scheinbar leichter wird. Aber wenn sich DAS offenbart, das bekommst du nicht mehr mit.

**F.** Ist dann die Erinnerung an dein Leben gelöscht?

**K.** Was gelöscht ist, ist das Empfinden, daß du als Person irgend etwas getan oder erlebt hast. Es ist alles geschehen, aber niemals dir. Das war immer Bewußtsein, das all diese Filme erlebt hat; zum Beispiel mit Drogen abgestürzt ist. Das Heroin war Bewußtsein, der Körper war Bewußtsein und die Nadel war Bewußtsein. Da gab es nie jemanden, der irgend etwas gemacht hat. Was noch anders ist, ist, daß es mich überhaupt nicht mehr interessiert, ob etwas anders geworden ist. Und wenn es Aha-Effekte gibt, dann hast nicht du sie, sondern Gott, Bewußtsein hat sich ein Stückchen mehr erkannt, nicht du.

Es ist auf jeden Fall angenehmer, ein schönes Leben zu haben als wenn dein Leben ausgelöscht wird. Deshalb der Hinweis von Rahesh, statt der Erleuchtung die Million Dollar zu nehmen.

**F.** Aber der, der genießen kann, hat ja auch immer Angst, es zu verlieren. Der ist ja auch nicht gut dran.

**K.** Stimmt. Dieses Treffen hier ist nur ein kleiner Meilenstein auf deinem Weg. Nur ein kurzes Erinnern. Wenn akzeptiert wird, daß dieser Weg absolut endlos ist, dann ist es geschehen. Die Bindung ist die Idee, es gäbe ein Ankommen. Der Weg ist beides: Weisheit *und* Liebe im permanenten Tanz. Berührt zu werden ist so etwas Wunderschönes. Es ist Bewußtsein, das mit Bewußtsein spricht. Sei still und gib dich hin, und alle Antworten werden kommen.

Aber du wirst dich erst hingeben, nachdem du dich aufgebäumt hast. Nachdem du immer wieder geglaubt hast, du könntest es verstehen. Deshalb hat Papaji immer wieder gesagt: „Bleib still."

Die Menschen wünschen sich Bewußtsein. Und wenn es da ist, dann können sie es nicht ertragen. Nisargadatta hat gesagt: „Was fehlt Dir hier?" Was fehlt dir jetzt? Da ist niemand. Es ist Bewußtsein, das zu Bewußtsein sagt: Bleib still.

Da ist niemand. Im ersten Jahr haben wir das alles geklärt, daß es niemanden gibt, der etwas tun kann, die Aufmerksamkeit irgendwohin richten kann.

**F.** Ich gehe schon so lange zum Satsang, und ich habe das Gefühl, daß es nicht weiter geht. Eine Stagnation.

**K.** Es wird kommen. Mit DEM in Berührung zu kommen, was jenseits der Worte ist, das ist schon der Beweis für deine Hingabe. Laß es sich abwickeln. Vielleicht geschieht es nicht in diesem Leben – alles Konzepte, ich glaube gar nicht an Wiedergeburt. Aber der Vorbote – wieder ein Konzept – ist die absolute Akzeptanz, daß es in Ordnung ist, wenn es nicht geschieht.

**F.** Woher kommt überhaupt der Impuls zu suchen?

**K.** Eine schöne Frage. Hast du dich entschieden zu suchen? Die Suche war einfach irgendwann da, nicht? Das, was angefangen hat zu suchen, ist das, was die Suche in manchen Fällen auch beendet. Bewußtsein, was sich selbst sucht. Bewußtsein, das, damit dieses Spiel stattfinden kann, sich mit dem Körper identifiziert, glaubt, die Wahrnehmung zu sein. Es ist Bewußtsein, was sich in der Suche erfährt. Du bist nur ein Werkzeug, nur eine Schachfigur für Bewußtsein, damit es sich erfahren kann.

**F.** Also bin ich beides?

**K.** Ja. Immer. Du bist immer alles.

**F.** Intellektuell weiß ich das.

**K.** Und das ist das Maximale, es intellektuell zu erfassen. Und es kann sein, daß zu dem Verstehen das *Erfahren* kommt, daß es Gottes Wille ist, der da geschieht, ein *intuitives Erfahren*. Dadurch kann dein Leben leichter werden. Vielleicht nicht in dem Tempo, wie du es gern hättest. Aber es geschieht. Und dann kommt etwas Größeres als du selbst ins Spiel. Das klingt wie Dualität. Aber das ist Eins. Es gibt niemanden, der sich hingibt, und nichts, dem sich hingegeben wird. Aber solange das nicht *erfahren* wurde, ist es Theorie. Und das maximale Konzept, das ich benennen kann – weshalb Bewußtsein Karim scheinbar hier hinsetzt – ist: Akzeptiere Gottes Wille. Ansonsten gäbe es nichts zu sagen. Alles ist, wie es ist. Jede Frucht fällt vom Baum, wenn sie reif ist. Mehr nicht.

Und bis dahin: Akzeptieren. Im Akzeptieren – wenn etwa gegen etwas Ankämpfen geschieht – lockert sich das Kämpfen.

**F.** Hat Bewußtsein nicht mehr davon, wenn es am Kämpfen ist, als wenn gar nichts geschieht?

**K.** Exakt. Es erfährt sich im gegen etwas Ankämpfen. Deshalb sollst du gar nicht aufwachen.

**F.** Dann wird das Spiel ja in dem Fall beendet.

**K.** Ja. Ihr seid alle Spielverderber. Bewußtsein erfährt sich im Spiel. Aber das intellektuell zu erfassen genügt. Der Same wird zur rechten Zeit aufgehen. Absolutes Vertrauen: Daß alles nach Gottes Willen sich so entfaltet, wie es sein soll. Natürlich kannst du auch Vertrauen nicht machen.

**F.** Ich habe einen starken Wunsch, gespiegelt zu werden. Danach sehne ich mich.

**K.** Warum?

**F.** Es ist einfach so. Wahrscheinlich, um mich darin zu erkennen.

**K.** Wenn du den tiefen Wunsch hast, gespiegelt zu werden, dann ist alles dein Spiegel. Es gibt nur einen Spiegel, und das ist Gottes Wille, es ist das „Ich Bin". Der Verstand ist das Reinigungstuch.

**F.** Es ist schon ein paarmal passiert, wenn ich dich ansehe, daß sich dann alles auflöst. Das ist schon ein anderer Spiegel.

**K.** Das sind die Tabletten, die ich euch ins Wasser gebe. Das ist alles Fake. Aber ich liebe dich auch. Ich schaue dich nur so lange an, weil ich so verliebt bin in DAS. Wie wenn man frisch verliebt ist. Das kennt ihr ja. Dann wollt ihr euch ewig lange ansehen. So ist das auch bei mir. Ich bin immer frisch verliebt in DAS.

Aber das, was du da wahrnimmst, ist deine eigene Leerheit. Der ganze Satsang könnte ohne dich gar nicht stattfinden. Wenn du dich in diese Leere verliebst, in diese Stille – auch wenn kein Wort es treffen kann – dann gib dich dem hin. Und das kann niemand machen, das muß ich gleich wiederholen, für die Advaita-Gelehrten unter uns. *DAS kann niemand machen.* Aber diese Süße ist das Tor. Und es kann sein, daß das gehört wird und daß die

Liebe zu DEM so entflammt, daß du darin verweilst. Weil dagegen alles andere ein Witz ist. Sogar die Erleuchtung: Was soll ich mit Erleuchtung. Die kommt und geht.

Solange du Erleuchtung suchst, glaubst du, du hättest eine eigenständige Identität. Aber Erleuchtung ist das Auslöschen jeglicher Identität. Und wenn es zu dämmern beginnt, daß es ein unpersönlicher Tanz ist, daß Bewußtsein alles macht, das ist eine wunderbare Einladung.

Was fehlt dir jetzt?

**F.** Nichts. Gar nichts.

**K.** So einfach.

**F.** Ich habe gerade nachgedacht über das Einssein, von dem du sprichst und über diese Süße, die im Erkennen liegt. Ich frage mich: Warum wird nicht jeder Mensch gleich so geboren? Oder wird man so geboren und fällt dann auch diesem Zustand heraus?

**K.** Nur, damit dieser Satsang stattfinden kann. Damit Dualität erscheinen kann; damit das Spiel stattfinden kann. Da ist keine Message dahinter. Es hat keine Ursache, keinen Zweck. Es verfolgt nichts. Es genießt sich permanent selbst – in der Suche genauso wie in der Süße.

**F.** Meine Frage, die dahinter liegt, lautet: Wofür mache ich jenes oder das? Könnte ich nicht etwas anderes tun, etwas Besseres?

**K.** Mein grundlegendes Konzept ist, daß es niemanden gibt, der etwas macht. Daß es keinen freien Willen gibt und keinen Handelnden.

**F.** Ja, das ist auch ein Konzept, was du da sagst. Ich habe schon das Empfinden, eine Wahl zu haben, etwas richtig oder falsch machen zu können.

**K.** Und hast du die Wahl, ob du es richtig oder falsch machst?

**F.** Ja, das weiß ich auch nicht.

**K.** Wenn du dich nach dem „Falschen“ schlecht fühlst, dann entscheide dich doch einfach, es immer richtig zu machen!

**F.** Das geht ja nicht.

**K.** Ja, weil du keinen freien Willen hast. Sonst würde ich dir auch gleich empfehlen, den Sechser im Lotto mit zu entscheiden, ein permanent glückliches Leben – ja, und die Erleuchtung natürlich auch noch.

**F.** Das hört sich alles logisch an.

**K.** Logisch und einfach. Wenn du dich in diese Einfachheit verliebst, dann ist das, was du bist, einfach. Ganz einfach, das Konzept: Dein Wille geschehe. Wenn du willst, daß ich die richtigen Entscheidungen treffe – akzeptiert. Du willst, daß ich „falsche" Entscheidungen treffen – ich akzeptiere auch das. Das ist ein Konzept. Aber das Erkennen beginnt immer mit einem Konzept. Weil du keine Befreiung brauchst. Der Verstand braucht Befreiung, nicht du. Du bist frei.

Und wenn Gottes Wille hinter jeder Entscheidung erkannt wird, dann fällt jegliche Schuld ab. Du kannst nicht für etwas schuldig sein, das du nicht entschieden hast. Und du kannst nicht stolz sein auf etwas, was du erreicht hast. Es gibt ein Problem bei der Sache: Wenn Gottes Wille akzeptiert wird als das, was ist, dann gibt es dich nicht mehr. Weil „du" nichts anderes bist als Stolz und Schuld. Das Ego.

**F.** Eben hast du davon gesprochen, daß das Ego zurücktreten muß, wenn Hingabe geschehen soll. Das wäre doch eine Bedingung, die zu erfüllen ist. Vorhin sprachst du aber davon, daß nichts bedingt ist, da alles geschieht und niemand darauf einen Einfluß hat. Das ist doch in sich ein Widerspruch.

**K.** Ja. Solange du glaubst, es klinge wie eine Bedingung, hast du Trouble. Weigere dich, daran zu glauben, daß es eine Bedingung gibt. Das erfordert ein Vertrauen, zu dem dir niemand verhelfen kann. Kein Lehrer. Niemand. Da bist du völlig allein auf dich gestellt.

**F.** Wenn dieses Vertrauen zu 100 Prozent da ist, ist es ja völlig klar, daß der Eigenwille entfallen ist. Dazu kannst du ja nichts tun. Das Vertrauen ist das Eigentliche, nicht wahr?

**K.** Ja. Deshalb hat Nisargadatta immer gesagt: „Vertrauen Sie mir." Nicht ihm als Person, sondern DEM. Da ist keine Möglichkeit mehr, mit dem Verstand noch ein „Aber" davor zu schieben. Aber, aber, aber. Wie lange denn noch? Du brauchst nur das Vertrauen zu Gott, mehr nicht. Du weißt nicht, was herauskommt, was auf dich wartet. Es ist genau der Punkt, an dem du dich auf etwas einläßt, von dem du nicht mehr weißt: Wohin geht es jetzt.

Mit diesem Konzept der Hingabe muß nicht jeder etwas beginnen können. Aber was alle sogenannten Lehrer bestätigen, und was auch meine Erfahrung ist: Es gibt einen Punkt, an dem du alles „hingeben" mußt, an dem du alles verlierst.

Und da die Einheit nichts ausschließt, schließt sie auch keine Bedingungen aus. So kann es auch Wege zu ihr geben.

Nun sind wir wieder auf einer Seite der Medaille. Hingabe. Dabei ist es ein Tanz. Wir können uns nicht einrichten, auch wenn wir es so gern fest haben wollten. Das geht nicht. Zwischen Weisheit und Liebe – zwischen Verstehen und Hingabe – bewegt sich mein Leben, hat Nisargadatta gesagt.

Das Konzept: Es gibt keinen Weg, ist so verführerisch. Aber das schließt auch schon wieder etwas aus. Du bedingst es schon wieder. DAS offenbart sich durch einen Weg genauso. Keine Ahnung, was deine Einladung ist. Das weiß nur Bewußtsein. Das weiß nur Gott.

Das Entscheidende ist dabei wieder, daß es nur Bewußtsein gibt. Manchmal schlägt Bewußtsein Wege ein um sich zu erkennen, manchmal erkennt sich Bewußtsein spontan. Und es kann sein, daß mit dem spontanen Erkennen der Weg erst einmal anfängt. Es kann ebenso sein, daß ein Weg zum spontanen Erkennen führt. Und dann geht der Weg weiter. Es gibt keine Ende, kein Ankommen. Und wir würden so gerne das Ganze mal abschließen. Uns von einem „heiligen Lehrer" unterschreiben lassen: Ab heute bist du frei, du hast es. Hier ist die Urkunde. Nun kannst du dich endlich entspannen. – Aber die Urkunde würde auch nicht genügen. Dann würdest du einen noch größeren Heiligen finden.

**F.** Du sagst immer, das Spiel hätte keinen Sinn, Bewußtsein würde sich einfach darin erfahren und sonst nichts. Mein Empfinden ist, daß es nicht so ist, daß der Sinn nicht nur darin besteht, sich zu erfahren, sondern daß Gott eine Evolution in sich vollzieht.

**K.** Das mit dem Spiel ist auch nur ein Konzept, das ich irgendwo gelesen habe. Ich kann es auch gar nicht ausdrücken. Die Frage stellt sich hier auch überhaupt nicht mehr, wieso etwas geschieht.

**F.** Aber du empfindest es so?

**K.** Nein. Ich kann Gott nicht empfinden.

**F.** Aber du empfindest es als Spiel?

**K.** Ich bin es. Ich *bin* das Spiel. Aber das, was ich bin, bin ich einfach. Diese Figur. Und ich kann dir nicht mehr sagen, als: Was ich bin, ist DAS. Das sind die maximalen Worte. Das mit dem Spiel von Bewußtsein ist ein schönes Konzept. Aber es ist ein Konzept.

**F.** Daß Gott sich im Spiel entwickelt, ist ja ein schönes Bild. Kinder entwickeln sich ja auch im Spiel.

**K.** Nur daß Gott sich nicht entwickelt. ER ist in sich schon absolut entwikkelt. Die absolute Vollkommenheit – in jedem Moment der „Entwicklung". Deshalb ist das Ganze auch kein Prozeß, weil es kein Ziel gibt. Ohne Ziel kein Weg. Ohne Lösung kein Problem.

**K.** Hast du eine Frage?

**F.** Nicht direkt. Nur der übliche Trouble mit der Nicht-Akzeptanz. Aber das ist schon in Ordnung. Tut nur manchmal etwas weh.

**K.** Sonst wäre es ja auch keine Nicht-Akzeptanz, wenn es akzeptiert würde. Es ist so wichtig, daß du deine Ausweglosigkeit spürst.

**F.** Ja. Dann kommt es dazu, daß irgend etwas in mir versucht zu verstehen, was da mit mir geschieht – bis mir der Schädel platzt. Dann bleibt nur, aufzugeben. Das geschieht ganz automatisch. Dann wird es wieder ruhiger, bis es sich wieder aufgebaut hat.

Dann ist wieder Druck.

**K.** Es ist so wichtig, zu sehen wie es sich aufbaut, wie das funktioniert. Nisargadatta hat immer gesagt: Sie können nur etwas loslassen, wenn es bewußt gesehen wurde. Und bevor er so etwas sagte, wies er immer darauf hin, daß Bewußtsein mit Bewußtsein spricht.

**F.** Es ist halt sehr anstrengend, dieses Auf und Ab. Aber wirklich etwas dazu sagen kann man gar nicht. Mir kam gerade als Bild ein großer Raum. Darin flüchtet sich die Ich-Idee von einer Ecke zur anderen und sagt: Wo soll ich nur noch hin. Alles durcheinandergerüttelt.

**K.** Bei manchen muß es so rütteln, damit gesehen wird, daß das, was du bist, sich nicht rütteln läßt. Wie hier, im Reden. Der Verstand kann durch das Gesagte so irritiert werden, aber das, was du bist, kann nicht beirrt werden. Vielleicht fehlt dir jetzt gerade einfach eine Umarmung.

## Die Suche nach Erleuchtung ist die edelste Sucht

**B. M.** Zehn Jahre clean zu sein, was bedeutet das für dich?

**K.** In Zeit haben diese zehn Jahre keine Bedeutung für mich. Doch es erfüllt mich mit großer Dankbarkeit und Liebe, daß die Gnade mir ein Aufhören erlaubt hat, durch Drogen der Wirklichkeit zu entfliehen. Mit dem Wegfallen der harten Drogen ging die Reise erst los.

**B. M.** Wie meinst du das?

**K.** Ich entdeckte Schicht um Schicht der Vermeidung und subtiler Muster, wie wir uns immer wieder vor Nacktheit und Verletzlichkeit schützen. Mir blieb nichts anderes, als im Laufe der Zeit eine Sucht nach der anderen aufzudecken: Beziehungssucht, Sex-Sucht, Kontrollsucht. Was ich heute unter Sucht verstehe, ist die Sucht zu denken. Für mich zählt nur das, was gerade ist. An diesem Punkt versuche ich, der Welt möglichst nüchtern zu begegnen.

**B. M.** Wie würdest du diese Art von Nüchternheit beschreiben?

**K.** Nüchternheit bedeutet für mich, immer wieder zu sehen, daß Sucht letztlich gleichzusetzen ist mit Ego. Dem Ego ist jedes Mittel recht, um der Wirklichkeit zu entfliehen. Das Wichtigste dabei ist, daß ich keine Kontrolle besitze, weder über Sucht/Ego noch über das Leben. Das führt mich immer wieder in eine neue Kapitulation. Du legst die Waffen nieder und sagst, weil du es erlebst: Dein Wille geschehe. Natürlich habe ich es nicht in der Hand, ob und wann dieses Kapitulieren geschieht.

**B. M.** In einem Satsang hast du gesagt: Die Suche nach Erwachen ist die edelste Sucht. Kannst du das ausführen?

**K.** Nach meiner Erfahrung wird die Suche nach Erleuchtung oder nach Wahrheit oft dazu benutzt, dem gegenwärtigen Augenblick zu entkommen. Wie bei jeder Sucht kann auch hier erst dann Heilung einsetzen, wenn wir uns unsere Machtlosigkeit eingestehen. Das könnte innerlich ungefähr so ablaufen: Ich habe viele Lehrer ausprobiert, viele Substanzen benutzt, meditiert, manipuliert und mich in Ehrlichkeit geübt. Doch nichts davon hat mich dem, was meine wirkliche Sehnsucht ist, näher gebracht: dem Menschsein. Nun gebe ich auf. Wenn ich es in die Hand nehme, wird es schräg. Bitte führe mich. Zeige Du mir den Weg nach Hause.

**B.M.** Längere Zeit hast du fast nur aus dem Absoluten gesprochen: Es gibt keine getrennten Personen. Nur Bewußtsein existiert. Dies hat sich spürbar verändert. Was ist da geschehen?

**K.** Als ich mir einen älteren Satsang-Mitschnitt anhörte, merkte ich, was für eine tiefe emotionale Berührung in diesen ersten Satsangs geschehen durfte. Ich mußte mir eingestehen, daß ich mich später in Konzepte und Verleugnung verrannte. Natürlich war es ein gefundenes Fressen für mein Ego, die überaus schmerzhaften Erfahrungen aus der Kindheit – Mißbrauch, Mißhandlung und Prostitution – wegzurationalisieren. Diese Leugnung mußte aufbrechen. Es war noch einmal sehr schmerzhaft und Gott sei Dank ernüchternd, all das zu sehen. Jedoch macht es uns weich und menschlich, derartige Mechanismen zu durchschauen. Deshalb teile ich jetzt im Satsang meine Erfahrung: Wie trickreich der Verstand ist, wie gewieft das Ego immer wieder arbeitet. Nisargadatta hat es wunderbar formuliert: „Sie können nur etwas loslassen, nachdem es im Bewußtsein war."

**B.M.** Da muß man also immer auf der Hut sein.

**K.** Ja. Es ist permanente Wachsamkeit erforderlich. Wie beim Cleansein. Die Sucht / das Ego sind heimtückisch. Ihr Hauptmerkmal ist Verleugnen. Das Ego benutzt Erwachen nur zu gern, um die Wirklichkeit zu verleugnen und sich fest einzurichten in etwas, dessen Wesen permanente Bewegung ist.

Der Schlüssel liegt darin, immer wieder im Jetzt, in der Wirklichkeit zu verweilen. Hierbei geht es nicht um Perfektion, sondern um Dankbarkeit: Für das Sehen, Anhalten und dafür, die Leugnung immer wieder durchschauen zu dürfen.

(Interview August 2006)

## Der Anhaftung Sucht an der Wurzel begegnen

**B. M.** In deinen Satsangs findet immer wieder das Thema Sucht Eingang. Ist das ein spezielles Anliegen von dir?

**K.** Man kann und sollte nur das vermitteln, was man erfahren hat und lebt. Mein Leben war sehr früh geprägt von Sucht. Bereits im Alter von 15 Jahren hatte ich mich mit Heroin und anderen harten Drogen so weit heruntergewirtschaftet, daß ich erkennen durfte: Es gibt keinen freien Willen. Es konnte keinen geben, denn dieses Leben führte ich eindeutig gegen meinen Wunsch. Jeder Versucht, es in den Griff zu bekommen, scheiterte. Nur Gnade, das Selbst, ermöglichte, daß ich aufhören und immer tiefere Schichten der Sucht erkennen durfte.

**B. M.** Was meinst du mit diesen „tieferen Schichten"?

**K.** In der indischen spirituellen Tradition spricht man von Vasanas (latenten Denkneigungen und Anhaftungen) – übersetzt für unsere Zeit: Sucht. Das bedeutet: Es sind Süchte, die uns in die Welt, in die Identifikation mit ihr und ins Maya ziehen. Ein typisches Symptom der Sucht ist Verleugnung und der Glaube, etwas außerhalb meiner selbst könnte mich heil machen oder mich dem endgültigen Frieden näher bringen.

**B. M.** Du meinst also nicht nur die stofflichen, in unserer Zeit hinlänglich bekannten Süchte?

**K.** Wenn du den Weg der Nüchternheit (oder des Erwachens) gehst, wirst du eine Sucht nach der anderen aufdecken. Meistens fängt es mit den offensichtlichen Süchten – Beziehung, Sex, Essen, Drogen – an und führt in immer subtilere Bereiche: Die Sucht nach spirituellen Zuständen, danach, gebraucht zu werden, oder die edle Variante: die Sucht nach Erleuchtung. Doch eines haben all diese Süchte gemeinsam. Sie flüstern dir die Lüge zu: Wenn du mich nimmst, konsumierst, erreichst oder bekommst, dann geht es dir endlich gut.

**B. M.** Was du sagst, läßt sich gut nachvollziehen. Wie kann aber die Wurzel dieser ganzen Anhaftungen berührt und geheilt werden?

**K.** Vorweggesagt: Natürlich habe ich keine Patentlösung – sonst müßte niemand mehr an Drogen sterben. Ich kann wiedergeben, was für mich funktionierte: Heilung von Sucht kann nur geschehen durch eine bedingungslose Hingabe oder Kapitulation. In dieser Hingabe gestehst du dir ein, daß du es nicht in den Griff bekommst. Und du überantwortest dein Leben Gott, was immer du darunter verstehst. Dieser Moment der Kapitulation ist Gnade und kann nicht „gemacht" werden. So kannst du, wenn es so sein soll, Schicht für Schicht in Gottes Hand legen. Es ist interessant, daß dieser Weg eigentlich identisch ist mit dem, was man in der indischen Tradition den Bhakti-Weg nennt. Denn letztlich wird ein Punkt kommen (und der kann nur Jetzt sein), an dem du dich komplett überantwortest.

**B.M.** Und wie steht es nun mit der Heilung von der Wurzel her?

**K.** Die komplette Überantwortung an Gott läßt keine Wurzel zurück. Es gibt aber noch einen anderen Aspekt: Die Frage „Wer bin ich" von Ramana Maharshi, welche zur Quelle aller Dinge, dem Sein, zurückführt. Erhebt sich doch das Ego (oder der Ich-Gedanke) aus der Quelle und versucht, seinen Ursprung außen (in Suchtmitteln) zu finden. Unserem Thema entsprechend bedeutet das, zu fragen: Wer ist süchtig? Und natürlich wurde, bevor diese Frage gestellt wird, schon ein gewisser Grad an Abstinenz von diversen Süchten erreicht. Diese Frage geht an die Wurzel aller Süchte, in ihrem Erforschen kann der Fragende in der Quelle verweilen, wo jede Sehnsucht gestillt ist.

**B.M.** Wie setzt man das von dir Gesagte um? Was geschieht in deinen Satsangs?

**K.** Es ist ein Mysterium, daß in den Satsangs die Antworten von selbst auftauchen und der Ich-Gedanke sowie die damit einhergehende Idee, dir würde etwas fehlen, zur Ruhe kommen. Es ist eine Lüge des nach außen gerichteten Verstandes, daß dein Wesen nicht Vollkommenheit ist. Doch vielleicht sollte ich noch ergänzen, daß Sucht nur einen Aspekt im Satsang darstellt. Satsang ist für jeden offen, und jeder wird dort in dem für ihn wichtigen Bereich berührt. Poonjaji sagte es sehr treffend: „Satsang ist das einzige, was dich vom Leiden befreit. Weil Satsang dich der Stille übergibt, die du von vornherein schon gewesen bist."

(Interview Januar 2007)

## Kein Ankommen

Mir würde es wehtun, wenn du glauben würdest, ich wäre irgendwo angekommen: Weil ich mit diesem Buch doch immer wieder auf das genaue Gegenteil verweisen möchte. Sogar seit seiner Fertigstellung hat sich das „Erwachen“ noch tiefer in seine Menschlichkeit transformiert. Auch aus einem weiteren Aspekt heraus schmerzt die Vorstellung von Ankommen: Einfach deshalb, weil es Trennung schafft. Doch im Angesicht Gottes sind wir alle nackt, und in dieser Nacktheit wird es möglich, sich DESSEN bewußt zu sein. Dies geschieht jedoch nicht durch das theoretische Wissen, sondern durch das nackte Erfahren.

Niemand hat dieses Paradoxon so treffend formuliert wie Sri Nisargadatta: „Der Moment des Erwachens ist spontan und augenblicklich, doch die Erforschung dessen ist endlos.“

Karim kann nur das vermitteln, was er auf dem weglosen Weg erforscht hat. Es ist nicht unser Job zu wissen, wohin der Weg geht.

Wirklich alles ist gesagt, wenn du dem Vogel beim Singen zuhörst oder einfach Tee trinkend auf einem Stuhl sitzt. Die Wichtigkeit von Erwachen, Einheit oder Non-Dualität interessiert mich überhaupt nicht mehr. Das Einzige, was zählt, ist, wie es sich jetzt ausdrückt, wie dieser Ausdruck gewürdigt wird und wie dieses Würdigen eine ständige Vertiefung erfährt, die nie aufhört.

Die Reise hat gerade erst begonnen.

Ich liebe Dich.

Karim

# Danksagung

Ich möchte mich bei vielen Menschen bedanken, die bewußt oder unbewußt am Entstehen dieses Buches beteiligt waren, sowie bei meinen Hunden Demian und Pieli, die mir über lange Jahre Freunde und Lehrer waren.

Danke, Barbara, für das Entstehen lassen dieses Buches vom Konzept bis zum fertigen Verlagsmanuskript in dem Wissen, daß es nicht „unsere“ Arbeit ist und daß uns das Anliegen gemeinsam war, daß das Buch sich auch dann „gelohnt“ hat, wenn nur ein Leser davon berührt würde.

Danke, Mario Lokananda Gruner für das liebevolle Mitschneiden der Satsangs auf Tonträger als Basis für die Satsang-Abschriften und die Textzusammenstellungen. Deine stille liebevolle Verläßlichkeit ist einfach wunderbar.

Worte reichen nicht aus für die Dankbarkeit, daß seit fast drei Jahren Satsangs und Retreats stattfinden. Das ist mit zu verdanken der liebevollen Unterstützung von Sama, Lokananda, Barbara und Peter. Mein Dank gilt ebenso allen Menschen, die die Satsangs mit mir teilen und teilten.

Folgenden Menschen möchte ich noch meinen Dank aussprechen: Meiner alten Freundin Dani; meiner Freundin Christine; meinem Bruder Jimmy; meinem alten Freund Bernd, dessen Liebe ich damals nicht annehmen konnte; J. R. dafür, daß er mein Herz gebrochen hat; Kalle und Liz, die mir als Kind in all dem Chaos einen Schimmer von Liebe vermittelten; Matthias, dem Zen-Lehrer; meiner Familie; meinen Freunden Mirko, Michel und Lukas.

Ein Dank Dir, Christian, daß ich mit dir erforschen durfte, wie sich eine lebendige Beziehung anfühlen kann.

Danke dem wundervollen Programm von Narcotics Anonymous, welches Tausenden von Drogensüchtigen „hilft“, ein cleanes und „spirituelles“ Leben zu leben.

Eine der Formen, die Bewußtsein kreiert hat, um als Lehrer zu erscheinen, und die mich am meisten berührt hat, ist Sri Nisargadatta.

Obwohl ich ihm nie persönlich begegnet bin, sehe ich ihn überall, wo ich hinschaue. Meine Liebe für ihn ist unermeßlich.

# Informationen zu den Satsangs mit Karim

In Berlin finden an jedem Donnerstag Satsangs mit Karim statt:

*Stilles Sitzen jeweils von 18.30 – 19.15*
*Satsang jeweils von 19.30 – 21.30*

Weitere Termine unter:

*www.satsang-mit-karim.de*
*E-Mail: karim@satsang-mit-karim.de*
*Satsang-Info-Telefon: 030 / 423 07 02*

Das vorliegende Buch wurde von Barbara Müller – Autorin, Ghostwriterin, Lektorin – konzipiert und zusammengestellt.

Informationen zu ihrer Arbeit und ihrem Angebot unter:
*www.textmeisterin.de*